日本中小学科学教育中的科学探究

孟令红 著

上海远东出版社

图书在版编目(CIP)数据

日本中小学科学教育中的科学探究/孟令红著.
上海：上海远东出版社,2024. — ISBN 978 - 7 - 5476
- 2045 - 8

Ⅰ. G639.313

中国国家版本馆 CIP 数据核字第 2024N4B392 号

责任编辑　王　毖
封面设计　李　廉

日本中小学科学教育中的科学探究

孟令红　著

出　　版　**上海速束出版社**
　　　　　　(201101　上海市闵行区号景路 159 弄 C 座)
发　　行　上海人民出版社发行中心
印　　刷　上海新华印刷有限公司
开　　本　710×1000　1/16
印　　张　11.5
插　　页　1
字　　数　177,000
版　　次　2024 年 8 月第 1 版
印　　次　2024 年 8 月第 1 次印刷
ISBN 978 - 7 - 5476 - 2045 - 8/G · 1216
定　　价　58.00 元

前　　言

　　日本实行九年制义务教育和国家统一课程标准,教材实行一纲多本的审查政策,在教育体制方面与我国有诸多相似之处。第二次世界大战后,日本在发展本国教育的同时,努力学习和借鉴欧美国家的改革思想和经验,形成了独具特色的教育理念。

　　日本在 20 世纪 60 年代前期曾进行过针对不同年级的全国学力统考(相当于我国的义务教育质量监测),结果导致地区之间的恶性排名竞争而引起教育界及社会的强烈反对,不得不在 1964 年停止了这一考试,其后只通过抽样调查监测义务教育质量。进入 21 世纪以后,随着社会环境和教育状况的改变,出于全面掌握学校教育现状、改善学生学力和学习愿望的下降趋势、建立义务教育质量保障机制等的需要,日本从 2007 年起恢复了全国学力统一测试(即"全国学力·学习状况调查",以下称义务教育质量监测),每年进行小学语文、算数,以及初中语文、数学的测试。测试对象为全国小学六年级和初中三年级学生。从 2012 年开始增加小学科学和初中科学测试,且每三年进行一次,之后于 2015 年、2018 年、2022 年(由于疫情推迟 1 年)进行了义务教育质量监测科学测试。

　　日本的义务教育质量监测结果报告会向社会公布,有关方面还会根据监测结果针对学校教育教学的优点和需要改进点给出明确说明,这对国家教育政策、教师教学指导及学生学习评价等方面的改善发挥着非常重要的作用。日本在义务教育质量监测中积累的经验,能够为其中小学科学课程标准修订及教学改进提供可靠的依据。

日本中小学科学课程标准的颁布情况表

颁布时间(年)	课程标准	备注	
1947	● 小学科学与初中科学一起颁布,高中科学是物理、化学、生物学和地学分科颁布 ● 都带有"试案"二字		● 小学科学从一年级开始开设
1951	● 初中科学与高中科学一起颁布 ● 仍都带有"试案"二字		
1952~1956 (第一次修订)	● 小学、初中、高中科学单独修订和颁布 ● 仍都带有"试案"二字		
1958~1960 年 (第二次修订)	● 小学、初中、高中科学单独修订和颁布 ● 去掉"试案"二字		
1968~1970 年 (第三次修订)	● 精减内容(小学科学内容的量减到 1958 年版的 61.8%,初中减到 1958 年版的 50.2%)	● 历次修订没有变化的是重视观察、实验等	
1977~1978 年 (第四次修订)	● 再次精减内容(小学科学内容的量减到 1958 年版的 33.6%,初中减到 1958 年版的 28.7%)		
1989 年 (第五次修订)	● 取消小学一、二年级的科学学科(新设由小学一、二年级的"社会"和"科学"两学科合并而成的"生活"学科) ● 高中增加有关科学探究单元内容 ● 新设综合科目课程 ● 进一步精减内容(小学科学内容的量减到 1958 年版的 21.4%,初中减到 1958 年版的 19.4%)		● 小学科学从三年级开始开设 ● 1989 年版、2007 年版、2017 年版小学和初中科学课程内容的量大致相同
1998~1999 年 (第六次修订)	● 科学内容的量减少到有史以来最少(小学科学内容的量减到 1958 年版的 15.2%,初中减到 1958 年版的 12.0%) ● 高中增加有关科学探究大单元内容		
2007~2008 年 (第七次修订)	● 科学内容的量恢复到与 1989 年版大致相同 ● 内容结构化,统一构建了小学、初中、高中科学内容框架 ● 出台了与课程标准对应的评价标准 ● 高中新设有关科学探究的"科学课题研究"科目课程		

续　表

颁布时间(年)	课程标准	备注
2017～2018 年 (第八次修订)	● 重视科学探究,统一了小学、初中、高中科学课程目标表述,突出科学探究所必需的知识与技能、科学探究的能力、科学探究的态度的培养 ● 将评价标准调整为教师指导与学生学习一体化的学习评价 ● 高中新设有关科学探究的"理数"跨学科课程	

　　本书主要内容是从日本中小学教育课程方案改革(第一章),科学课程标准中的课程目标和课程内容(第二章),科学课程中的科学探究(第三章),科学教学单元构建和教学活动设计(第四章),科学评价中的科学探究(第五章),科学综合课程与跨学科课程(第六章)等方面,着重说明历次日本中小学科学课程标准修订中对科学探究重视度的演变,以及在最新版科学课程标准中课程目标、内容和方法同步聚焦到科学探究,小学、初中、高中科学课程一体化和教学设计、指导与学习评价一致性的特点。希望本书能够为我国中小学科学课程标准修订、科学课堂教学改进以及落实新版课程方案提出的"教-学-评"一致性等方面提供参考。由于作者水平有限,本书还有需要进一步改进和完善的地方,敬请读者能够提出宝贵建议,以促进作者进一步学习与研究。

　　本书的出版得到了北京教育学院数学与科学教育学院的大力支持和上海远东出版社的宝贵建议,在此表示衷心感谢。最后,也感谢我的家人的支持。

孟令红
2024 年 5 月

目　　录

第一章 日本中小学教育课程改革对探究的重视

本章首先回顾 1945 年之后的历次日本中小学教育课程方案修订情况，然后说明日本最新一轮教育课程改革的课程方案及对探究的重视，最后思考我国中小学教育课程设置方面可获得的启示。

第一节 日本中小学教育课程方案的历次修订

一、课程方案的历次修订

日本于 1946 年颁布了《日本国宪法》(于 1947 年施行)，明确规定所有国民人人平等，并享有接受与其能力相适应的教育的权利。1947 年，日本颁布了多部教育相关法律法规，其中《教育基本法》规定了日本国的教育目的及目标，《学校教育法》对各类学校的教育目的和目标进行了说明，《学校教育法施行规则》对各类学校开设的教育课程和课时安排进行了说明。

此外，日本还在 1947 年第一次颁布了由文部省(日本文部省相当于我国的教育部，该单位于 2003 年改称为文部科学省)根据上述三部教育法律法规制定的《学习指导要领》[1]，这也是"学习指导要领"一词在日本的首次使用。

《学习指导要领一般编》(以下称"课程方案")相当于我国的课程方案，另外各学科另有课程标准(以下视情况简称为"课标")，例如《学习指导要领理科编》即为科学课程标准(以下视情况简称为"科学课标"，日本理科相当于我国科学)。日本 1947 年颁布的课程方案带有"试案"二字，其中小学与初中课程方案为合并颁布，高中课程方案为单独颁布，各学科课程标准则是分科进行颁布。1951 年进行第一次修订时,课程方案是小学单独颁布,初中和高中合并颁布,并仍有"试案"二字,各学科课程标准仍是分科进行颁布。1958 年进行第二次修订时,课程方案去掉了"试案"二字,并且小学、初中和高中(以下视情况简称为"小初高")各阶段课程方案均与相应阶段的学科课程标准汇集一册后进行单独颁布,即分别以《小学校学习指导要领》(小学教育课程方案和小学各学科课程标准)、《中学校学习指导要领》(初中教育课程方案和初中各学科课程标准)、《高等学校学习指导要领》(高中教育课程方案和高中各学科课程标准,日本高中包括普通高中和职业高中)的名称进行单独颁布,之后大约每十年进行一次修订,直至最新一轮的 2017～2018 年第八次修订。1958 年后历次日本中小学教育课程方案(即非"试案"性质的课程方案)修订的特点参见图 1-1。

如图 1-1 所呈现的,1958 年后的历次日本中小学教育课程方案修订,经历了课程的系统化、现代化、人性化、综合化、个性化、道德化和结构化的变化过程,其主要特点是:

1. 课程方案的连续性。例如,"培养生存能力"在第六次修订中被提出,然后在第七次和第八次修订中进行了基于前期修订的继续修订,尽可能地完善其内涵,而不是简单地"另起炉灶"。

2. 课程方案的渐进性。例如,在增设小学外语学科课程时,先是于第七次修订时在小学高年级开设外语活动课程,让学生和学校都有一个准备和熟悉的过程,再于第八次修订时在小学高年级开设外语学科课程,与此同时,又在小学中年级开设外语活动课程,以备下一次修订时转为学科课程。

3. 课程方案的一贯性。历次修订均强调小学与初中或初中与高中课程的连贯性,始终考虑小学、初中、高中课程之间的衔接、连贯和一致。这一特点从表 1-1 所展示的各文件名称中得到了很好的体现。这种连贯性,有利于促进学生的长远发展,有利于促进他们在思考个人发展和生活方式的同时,也思考自己能为国家和社会的发展做出什么贡献,以及如何有意义地度过自己的一生。

日本中小学教育课程方案历次修订前会向教育课程审议会提交相关审议文件,具体文件参见表 1-1。

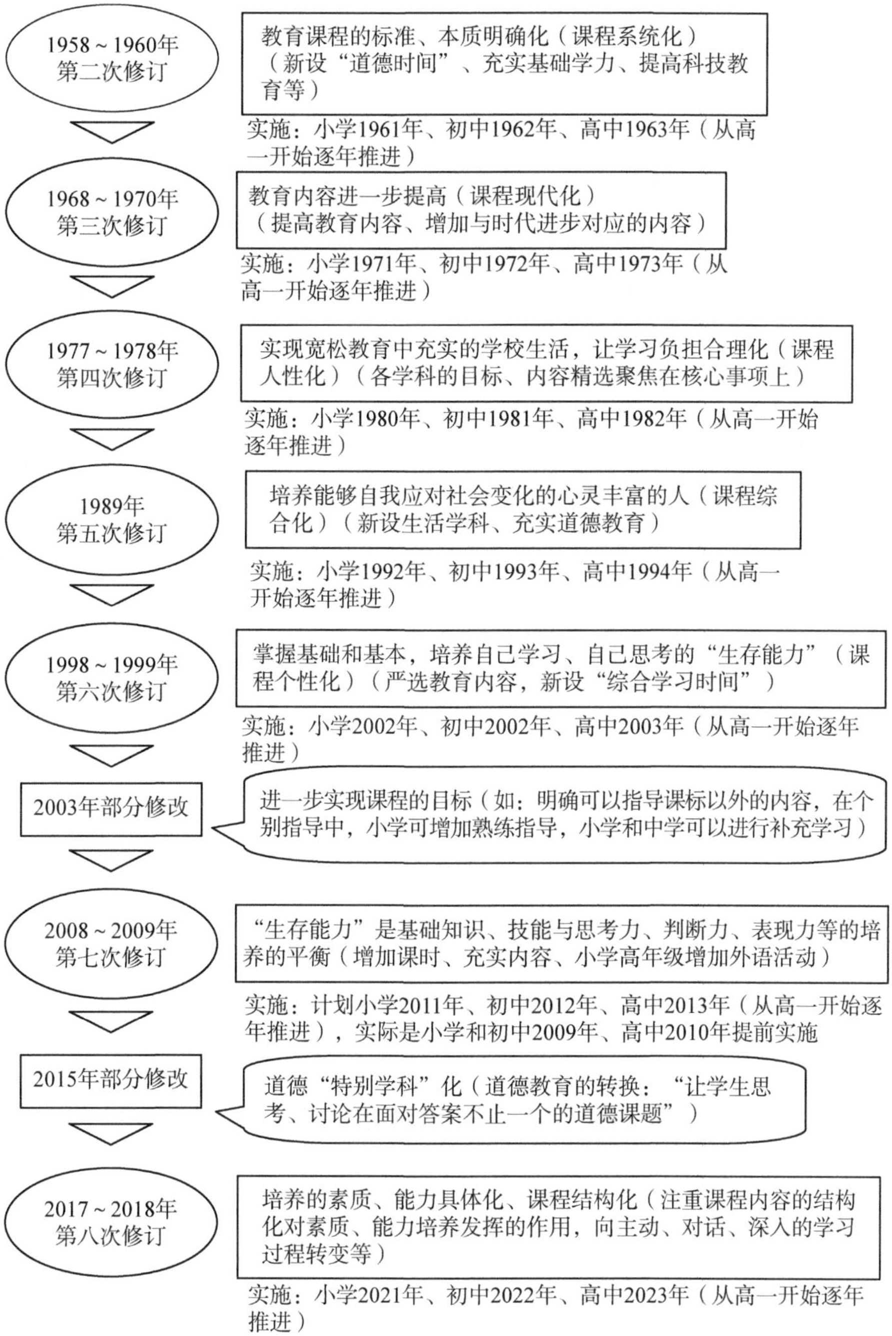

1958～1960年
第二次修订 → 教育课程的标准、本质明确化（课程系统化）（新设"道德时间"、充实基础学力、提高科技教育等）

实施：小学1961年、初中1962年、高中1963年（从高一开始逐年推进）

1968～1970年
第三次修订 → 教育内容进一步提高（课程现代化）（提高教育内容、增加与时代进步对应的内容）

实施：小学1971年、初中1972年、高中1973年（从高一开始逐年推进）

1977～1978年
第四次修订 → 实现宽松教育中充实的学校生活，让学习负担合理化（课程人性化）（各学科的目标、内容精选聚焦在核心事项上）

实施：小学1980年、初中1981年、高中1982年（从高一开始逐年推进）

1989年
第五次修订 → 培养能够自我应对社会变化的心灵丰富的人（课程综合化）（新设生活学科、充实道德教育）

实施：小学1992年、初中1993年、高中1994年（从高一开始逐年推进）

1998～1999年
第六次修订 → 掌握基础和基本，培养自己学习、自己思考的"生存能力"（课程个性化）（严选教育内容，新设"综合学习时间"）

实施：小学2002年、初中2002年、高中2003年（从高一开始逐年推进）

2003年部分修改 → 进一步实现课程的目标（如：明确可以指导课标以外的内容，在个别指导中，小学可增加熟练指导，小学和中学可以进行补充学习）

2008～2009年
第七次修订 → "生存能力"是基础知识、技能与思考力、判断力、表现力等的培养的平衡（增加课时、充实内容、小学高年级增加外语活动）

实施：计划小学2011年、初中2012年、高中2013年（从高一开始逐年推进），实际是小学和初中2009年、高中2010年提前实施

2015年部分修改 → 道德"特别学科"化（道德教育的转换："让学生思考、讨论在面对答案不止一个的道德课题"）

2017～2018年
第八次修订 → 培养的素质、能力具体化、课程结构化（注重课程内容的结构化对素质、能力培养发挥的作用，向主动、对话、深入的学习过程转变等）

实施：小学2021年、初中2022年、高中2023年（从高一开始逐年推进）

图 1-1 1958 年后历次日本中小学教育课程方案修订特点[2]

表 1-1　修订前提交审议的文件

	文 件 名
1958～1960 年 （第二次修订）	关于"改善小学、初中的教育课程方案及各学科课程标准"的审议
1968～1970 年 （第三次修订）	同上
1977～1978 年 （第四次修订）	关于"改善小学、初中、高中的教育课程方案及各学科课程标准"的审议
1989 年 （第五次修订）	关于"改善幼儿园、小学、初中、高中的教育课程方案及各学科课程标准"的审议
1998～1999 年 （第六次修订）	关于"改善幼儿园、小学、初中、高中、盲人学校、聋哑学校及养护学校的教育课程方案及各学科课程标准"的审议
2007～2008 年 （第七次修订）	关于"改善幼儿园、小学、初中、高中、特别支援学校的教育课程方案及各学科课程标准"的审议
2017～2018 年 （第八次修订）	关于"改善幼儿园、小学、初中、高中、特别支援学校的教育课程方案、各学科课程标准及必要的政策实施方案等"的审议

注：表中的高中包括普通高中和职业高中。

二、课程设置变化情况

1958 年后日本中小学教育课程方案历次修订中的课程设置变化情况参见表 1-2。

表 1-2　课程方案课程设置变化

颁布时间	小学课程	初中课程	普通高中课程
1958～1960 年 （第二次修订）	国语、社会、算数、科学、音乐、图画、家庭、体育 8 门学科，及道德。	国语、社会、数学、科学、保健体育、音乐、美术、技术·家庭 8 门必修学科，及道德、选修学科、特别活动。	国语、社会、数学、科学、保健体育、艺术、外语、家庭 8 门学科，及特别活动。
1968～1970 年 （第三次修订）	同上	同上	同上
1977～1978 年 （第四次修订）	● 新增"特别活动"	同上	同上

续　表

颁布时间	小学课程	初中课程	普通高中课程
1989 年 （第五次修订）	● 新设"生活"学科（由一、二年级的"社会"和"科学"两学科合并而成）	同上	● 将"社会"学科划分为"地理历史"和"公民"两门学科
1998～1999 年 （第六次修订）	● 新设"综合学习时间"	● 新设"综合学习时间" ● 新设"外语"必修学科	● 新设"综合学习时间" ● 新设"信息"学科
2007～2008 年 （第七次修订）	● 新设"外语活动"（五、六年级）	同上	同上
2017～2018 年 （第八次修订）	● 新设五、六年级的"外语"学科 ● 新增三、四年级的"外语活动" ● 将"道德"设置为特别学科	● 将"道德"设置为特别学科	● 新设"理数"跨学科课程 ● 修改"综合学习时间"为"综合探究时间"

通过表 1-2 可以看出，课程方案历次修订时设置的课程变化情况如下：

1. 中小学都设置有学科课程和特别活动课程（小学是在第四次课程方案修订后设置了特别活动课程）；小学和初中都设置有道德课程，并在第八次修订时"提升"为"特别学科"，与高中的"公民"学科课程进行衔接。

2. 小学、初中和高中都是在第六次修订时新设了"综合学习时间"。

3. 在小学课程方面，第五次修订时，在低年级新设了由原"社会"和"科学"两门学科课程合并而成的"生活"学科，其目的是为了小学低年级与幼儿园的顺利衔接；在第七次修订时，在高年级增设了"外语活动"；在第八次修订时，增设了高年级"外语"学科课程和中年级"外语活动"。

4. 在初中课程方面，在第六次修订时增设了"外语"必修学科课程。

5. 在高中课程方面，在第五次修订时，将"社会学科"划分为"地理历史"和"公民"两门学科课程；在第六次修订时，新设了"信息"学科课程，以适应时代的发展；在第八次修订时，新设了高中科学与高中数学整合的"理数"跨学科课程，并将"综合学习时间"改为"综合探究时间"，以强调对探究的重视。

第二节 日本中小学教育课程改革对探究的重视

一、日本最新中小学教育课程方案

日本最新中小学教育课程方案是指2017～2018年进行的第八次修订产生的课程方案(以下称"最新课程方案"),最新课程方案由课程目标、课程设置、课程实施、课程评价、对学生发展的指导、学校运营、道德教育七部分组成。下面主要对课程目标、课程设置、课程实施及课程评价进行具体说明。

(一)课程目标

对于具有丰富的创造性,期待成为可持续发展社会的创造者的学生,以培养他们的生存能力为目标,通过学校教育的各学科、道德特别学科、综合学习时间以及特别活动的指导,明确培养(他们)的具体素质和能力,同时充实教育活动。根据学生的发展阶段和特性等,扎实、到位地实现以下内容:

1. 掌握基础知识和基本技能。
2. 培养思考力、判断力、表现力等。
3. 培养学习能力、人性等。[3]18[4]4

(二)课程设置

日本中小学现行教育课程设置及课时安排的具体情况分别参见表1-3、表1-4和表1-5。

表1-3 小学课程设置及课时安排[3]175

年级	各学科及课时数量										道德特别学科	外语活动	特别活动	综合学习时间	总课时
	国语	社会	算数	理科	生活	音乐	图画	家庭	体育	外语					
1	306	—	136	—	102	68	68	—	102		34	—	34	—	850
2	315	—	175	—	105	70	70	—	105		35	—	35	—	910
3	245	70	175	90	—	60	60	—	105		35	35	35	70	980
4	245	90	175	105	—	60	60	—	105		35	35	35	70	1 015

续　表

年级	各学科及课时数量										道德特别学科	外语活动	特别活动	综合学习时间	总课时
	国语	社会	算数	理科	生活	音乐	图画	家庭	体育	外语					
5	175	100	175	105	—	50	50	60	90	70	35	—	35	70	1 015
6	175	105	175	105	—	50	50	55	90	70	35		35	70	1 015
总计	1 461	365	1 011	405	207	358	358	115	597	140	209	70	209	280	5 785
％	25.3	6.3	17.5	7.0	3.6	6.2	6.2	2.0	10.3	2.4	3.6	1.2	3.6	4.8	100

注:1. 表1-3整体是引用参考文献[3],但"总计"和"％"两项为作者添加。

2. 总计:为各学科课程的1～6年的总课时数量。

3. ％:是指各学科课程的1～6年的总课时数量占小学阶段总课时数量的比例。

4. 日本小学每课时为45分钟。

表1-4　初中课程设置及课时安排[4]176

年级	各学科及课时数量									道德特别学科	特别活动	综合学习时间	总课时
	国语	社会	数学	科学	音乐	美术	技术·家庭	保健体育	外语				
1	140	105	140	105	45	45	70	105	140	35	35	50	1 015
2	140	105	105	140	35	35	70	105	140	35	35	70	1 015
3	105	140	140	140	35	35	35	105	140	35	35	70	1 015
总计	385	350	385	385	115	115	175	315	420	105	105	190	3 045
％	12.6	11.5	12.6	12.6	3.8	3.8	5.7	10.3	13.8	3.4	3.4	6.2	99.7

注:1. 表1-4整体引用参考文献[4],但"总计"和"％"两项为作者添加。

2. 总计:为各学科课程的1～3年的总课时数量。

3. ％:是指各学科课程的1～3年的总课时数量占初中总课时数量的比例。

4. 日本初中每课时为50分钟。

表1-5　普通高中课程设置及学分[5]6-7

学科名称	学分	科目名称	学分	必修学分(35)	
				无选择性必修学分(25)	选择性必修学分(14)
国语	20	现代国语	2	○2	
		语言文化	2	○2	
		逻辑国语	4		

学科名称	学分	科目名称	学分	必修学分(35)	
				无选择性 必修学分(25)	选择性 必修学分(14)
		文学国语 国语表达 古典探究	4 4 4		
地理历史	13	地理综合 地理探究 历史综合 日本史探究 世界史探究	2 3 2 3 3	○2 ○2	
公民	6	公共 伦理 政治·经济	2 2 2	○2	
数学	16	数学Ⅰ 数学Ⅱ 数学Ⅲ 数学A 数学B 数学C	3 4 3 2 2 2		2(3) 为了体现学生或学校的多样化,可以使数学Ⅰ课程学分减少,达到2即可。
科学	26	科学与人类生活 物理基础 物理 化学基础 化学 生物基础 生物 地学基础 地学	2 2 4 2 4 2 4 2 4		4~6(10) 从科学与人类生活、物理基础、化学基础、生物基础、地学基础中选2科目(其中1科目必须是科学与人类生活),或从物理基础、化学基础、生物基础、地学基础中选3科目。
保健体育	10	体育 保健	7~8 2	○7 ○2	
艺术	24	音乐Ⅰ 音乐Ⅱ 音乐Ⅲ 美术Ⅰ 美术Ⅱ 美术Ⅲ	2 2 2 2 2 2		2(8) 从音乐Ⅰ、美术Ⅰ、工艺Ⅰ、书道Ⅰ中选1科目。

续　表

学科名称	学分	科目名称	学分	必修学分(35)	
				无选择性必修学分(25)	选择性必修学分(14)
		工艺Ⅰ 工艺Ⅱ 工艺Ⅲ 书道Ⅰ 书道Ⅱ 书道Ⅲ	2 2 2 2 2 2		
外国语	17	英语交流Ⅰ 英语交流Ⅱ 英语交流Ⅲ 逻辑表达Ⅰ 逻辑表达Ⅱ 逻辑表达Ⅲ	3 4 4 2 2 2		2(3) 为了体现学生或学校的多样化,可以使英语交流Ⅰ课程学分减少,达到2即可。
家庭	6	家庭基础 家庭综合	2 4		2(6) 从家庭基础和家庭综合中选1科目。
信息	4	信息Ⅰ 信息Ⅱ	2 2	○2	
理数	6	理数探究基础 理数探究	1 2~5		
综合探究时间	6			3~6	2(6)
总计	154		154	21	14(36)

注:日本普通高中毕业学分要求74学分以上,必修学分为35(其中,无选择必修学分为21,选择性必修学分为14)。1学分为35课时,每课时为50分钟。

通过表1-3、表1-4、表1-5可以看出,日本中小学课程设置有若干特点。

1. 课程设置体现小学、初中和高中的衔接与进阶。例如,小学体育与初中保健体育;小学、初中综合学习时间与高中综合探究时间;小学图画、初中美术、高中艺术等。

2. 小学和初中课程设置基本一致,课时安排明确了各学科课时的具体数量。

3. 普通高中课程设置体现了基础性、灵活性和多样性。课程的基础性，是指有利于确保所有人都能够掌握基础知识和基本技能。例如，数学 I 科目课程学分为 3，作为必修课程达到 2 学分即可。也就是说对同一门课程的学习可以根据个人情况选择难度，同样情况的还有英语交流 I 科目课程。这种安排有利于提高学生完成必修课程的可能性。课程的灵活性，是指对不同学科或同一学科的不同难度等级，学生可以根据自己的实际情况进行自由选择。例如，科学学科课程有必修学分 4～6 分的要求，即可以从该学科课程下属科学与人类生活、物理基础、化学基础、生物基础、地学基础 5 门科目中选择 2 门科目（其中 1 门科目必须是科学与人类生活）进行学习，也可以从物理基础、化学基础、生物基础、地学基础 4 门科目中选择 3 门科目进行学习。类似情况的还有艺术学科课程。也就是说日本高中生可以通过学习不同科目的课程来达成同样的必修学分，这样有利于学生选择自己喜欢和擅长的科目，更好地发展学生的个性化特点。课程的多样性，是指向学生提供课程种类和课程数量方面的多种选择，这有利于培养学生个性化素养的丰富性。例如，日本普通高中毕业要求完成 74 学分，占高中课程 154 总学分的 48.1%。其中，必修学分为 35 分，占毕业要求 74 学分的 47.3%；选择性必修学分为 14 分，占 35 必修学分的 40%。也就是说，日本普通高中学生的必修课程中有 60% 是必定相同的，余下的 40% 则是学生可以选择的。

（三）课程实施

日本最新课程方案为了更好地实现培养目标，以及确保进一步提高教育教学质量，在课程实施方面提出了以下要求。

1. 课堂教学要向主动、对话、深入的学习方式转变，促使教学得到质的提高。

在课程的课堂实施过程中，为了促使教学得到质的提高，要使课堂教学向主动、对话、深入的学习方式转变。所谓"主动的学习"，是学生感兴趣，并能与自己的未来职业方向联系起来，坚持不懈地努力下去，经常进行回顾和反思的学习。"对话的学习"是以先哲的想法为线索进行思考，通过学生之间、师生之间以及学生与当地人之间的对话，来拓宽和深化自己想法的学习。"深入的学习"是在学习过程中根据各学科的学科特点和思维方式,深刻理解知识之间的相互关联,在仔细分析各种信息的过程中形成想法或发现问题,或想出问题解决办法,或能够在此基础上创造出新的想法等的学习。

为了使课堂教学能够更好地向主动、对话、深入的学习方式转变,首先,是要求明确各学科和科目课程目标在要求掌握的基础知识和基本技能,培养的思考力、判断力和表达力的具体能力,以及主动学习和人性等态度三个方面(知识技能、能力、态度)的具体且清晰的表述。其次,是要求各学科和科目课程中的学习内容,以单元内容为落实学习方式转变的基本单位,在单元内容教学的学习活动设计中,与各学科和科目课程目标一致,明确单元目标的三个方面(知识技能、能力、态度)的具体且清晰的表述。确保在各学科和科目课程的单元内容教学中不断地、重复地进行使课堂教学向主动、对话、深入的学习方式转变的教学实践,以便更好地实现各课程目标,促使教学得到质的提高。再次,是要求充实教学活动,根据不同课程的特点和思考方式,深刻理解知识之间的相互联系,在仔细分析信息的过程中形成想法、发现问题、想出问题解决办法,并在此基础之上,将教学活动朝着促成具有创造性的学习过程方向进行改变。

2. 重视语言活动、预习复习活动和体验活动,充实教学活动过程。

为了使课堂教学更好地向主动、对话、深入的学习方式转变,通过重视和增加语言活动、预习复习活动、体验活动,充实教学活动过程。语言活动主要是充实国语学科中的语言、读书活动,以及各学科中的语言表达活动,以提高语言表达能力;预习复习活动是在课程教学中,针对学习内容,让学生在家庭中进行有计划的预习复习活动,通过建立预习复习的学习习惯,提高学生的学习欲望和热情;体验活动是通过主动和具挑战性的各种活动,让学生实际感受生命的有限性,珍惜大自然,认识与他人协作的重要性等,并要设法根据不同课程的特点,与家庭、地区和社会协同进行持续的系列体验活动。

3. 使用计算机、教材教具、学校图书馆、校外公共设施等资源丰富教学活动。

在教学活动中,要使用计算机、网络等信息手段,查找各种统计、新闻、视频、教具等相关资料,利用学校图书馆、地区图书馆、博物馆、美术馆、音乐厅、剧场等资源,根据不同课程的特点,开展丰富的辅助教学活动,促使课堂教学更好地向主动、对话、深入的学习方式转变。

由此,可以看出课程方案对课程实施的要求具体且具可操作性,对教学具有指导作用。

(四) 课程评价

日本最新课程方案中的课程评价主要包括教师教学指导评价和学生学习评价。最新课程方案要求教师教学指导评价和学生学习评价均要与教育课程保持一致性,要有利于三者得到一致性的改善。

1. 对教师教学指导的要求。

教师的教学指导首先要对学生的优点和进步情况作出积极评价,但是不要把学生与他人进行比较,而是要把握学生的优点、发展可能性等个体情况,重视学生在学期和学年中各方面进步的具体情况。其目的是使学生切实体会到学习的意义和价值,提高学生学习的兴趣和内在动力,这有利于学生按照自己的目标和适合自己的学习方式进行学习,有利于学生学习的深入进行。其次,为了掌握学生在课程实施过程中的学习状况,应在单元内容教学过程中具体有哪些知识点和时间节点,教学会遭遇什么场景,以及如何进行评价等方面下功夫,以对学习过程和成果进行准确评价,并在培养目标高度达成的同时,更好地改善教学指导方法。再次,要特别关注作为学习活动参与者的学生之间的相互评价,以及学生的自我评价,这些评价有利于提高学生自身的学习积极性,因此也值得教师在这方面下功夫。另外,为了平衡知识技能、能力、学习态度三方面的目标评价,需要把教师的教学指导和学生的学习评价一体化,因此,要考虑从多方位、多角度进行评价,例如,除了试卷考试之外,还要通过论述、报告写作、汇报发表、小组讨论、作品制作等多种活动进行评价。

2. 对学生学习评价的要求。

学生学习评价是对学生学习状况的评价,是对学生学习成果(即"学生究竟学到了什么")的准确把握。在实施学习评价时,重要的是确保学习评价的妥当性和可靠性,即评价结果应恰如其分地反映学生具有的素质和能力。所以,需在提高学习评价的妥当性和可靠性方面下功夫。为此,首先要明确评价标准和评价方法,之后再进行评价,并在教师之间有组织、有计划地进行研讨,积累实践事例,并通过教研共享等方式提高教师的评价能力。其次,可以通过学校向学生家长进行关于评价方法的事前说明和关于评价结果的事后说明的方法,积极谋求家长对相关学习评价的理解和信赖。再次,要考虑学生在学年衔接与生校认可方面的问题,使学生能够利用学习成果把自己在不同年级的学习顺利衔接起来,让学生能在感受到自身成长的同时将学习与日后的个人发展方向联系起来;此外,要让典型学习评价案例能够获得更多学校的认可,并在学校间进行共享、推广和研讨,并努力使其能对学生升学提供助力。[6][7]

日本最新课程方案对课程评价的要求,是通过设法提高学生学习评价妥当性和可靠性的手段,在改善学生学习效果的同时,促进教师教学指导方法的改善。不论是教师的教学指导评价还是学生的学习评价,都要根据课程目标要求和教师对课程实施达到课程目标程度的把握,使课程评价与课程目标、课程内容、课程实施的要求一致,且相对协调地落到实处。

二、日本最新一轮中小学教育课程改革对探究的重视

日本最新一轮中小学教育课程改革(以下视情况简称为"课改")形成的课程方案特别重视探究学习,其目的是希望通过探究学习整合各学科课程,培养学生的综合素质和创新能力。主要体现在:一是明确了在小初高各阶段的科学课程中运用科学探究教学方法;二是整合了高中科学和高中数学两门课程,新增设了"科数"(日本称"理数")学科课程,"科数"学科课程包括"科数探究基础"(日本称"理数探究基础")和"科数探究"(日本称"理数探究")两门科目课程;三是在高中国语学科课程中新设了"古典探究"科目课程,在高中地理历史学科课程中新设了"地理探究""日本史探究"和"世界史探究"三门科目课程;四是打破了文科和理科课程之间的界限,整合所有学科课程的学习,把高中的"综合学习时间"课程名称改为"综合探究时间"。具体情况参见表 1-6。

表 1-6　最新一轮课改高中新设探究课程与之前的比较

学科	第八次修订(2018年版)		第七次修订(2009年版)	
	科目课程名称	学分	科目课程名称	学分
国语	现代国语 语言文化 逻辑国语 文学国语 国语表达 古典探究	2 2 4 4 4 4	国语综合 国语表达 现代文A 现代文B 古典A 古典B	4 3 2 4 2 4
地理历史	地理综合 地理探究 历史综合 日本史探究 世界史探究	2 3 2 3 3	世界史A 世界史B 日本史A 日本史B 地理A 地理B	2 4 2 4 2 4
科数	科数探究基础 科数探究	1 2~5	无	
综合学习时间	综合探究时间	3~6	综合学习时间	3~6

　　在高中国语学科课程中,新设"古典探究"科目课程的目的是希望能够运用日语的思维方式,通过语言活动,培养学生准确理解和使用日语进行有效表达的素质和能力。具体而言,是希望学生通过阅读古典作品加深对日本传统文化的了解,并能在传统语言、文化方面设定探究课题,探究日本文化的特点以及日本文化与外国文化之间的关系,扩大和加深对古典作品的兴趣;同时,希望学生能在阅读古典作品时了解和理解古人的观点和感受,并能对其进行表达,以培养和提高学生的表达能力;最后,也希望学生能够通过亲近和阅读古典作品提高自我修养,以拓展其素质和能力的内涵。[5]42

　　在高中地理历史学科课程中,新增设了"地理探究""日本史探究"和"世界史探究"科目课程,其目的是通过运用地理、历史的思维方法,在对社会现象进行课题研究和解决问题的探究学习活动中,在广阔的视野下,培养学生能够主动生存在全球化国际社会中,身为和平、民主的国家和社会中的有为公民所需的素质和能力,拓展其素质和能力的内涵。[5]69,78-79

　　日本在1989年的基础教育课程改革中,在小初高各学段同时增设了"综合学习时间"(即综合实践活动)的必修课程,之后于1998~1999年、2008~

2009 年进行了两次修订,直到本次最新课改时,把高中"综合学习时间"课程的名称改为"综合探究时间"。课程名称更改的目的,首先是希望能够通过运用探究学习方式,开展横向的、综合的学习活动,打破和超越各学科和科目课程的范围与界限,培养学生发现和解决问题的综合素质和能力。其次,本次课改特别强调学生要首先考虑自己应有的存在状态和生活方式,所探究的课题要与自己的职业发展方向联系起来,要进行自己发现问题和自己解决问题的探究学习。而在培养个性化发展的同时,也要思考个体作为国家和社会的建设者,对国家和社会的发展应具有的责任和该做的贡献,使自己的人生更有意义和价值。再次,又明确了综合探究学习是通过设定课题、搜集信息、整理分析、总结汇报这类课题研究的问题解决方式进行重复的、发展的、系列的活动,以提高探究学习的质量。[5]641

第三节　思考与启示

通过对 1958 年后日本中小学教育课程方案的七次修订情况,以及日本最新一轮课改对探究的重视等方面的研究,结合我国最新的《义务教育课程方案(2022 年版)》和《普通高中课程方案(2017 年版 2020 年修订)》,对我国中小学教育课程设置提出以下思考与启示,供教育同仁研讨。

一、有关义务教育阶段课程的课时安排

2022 学年北京市义务教育课程课时安排如表 1-7 所示,2023 学年浙江省义务教育课程课时安排如表 1-8 所示。

表 1-7　北京市义务教育课程设置及比例(2022 年版)[9]

	一	二	三	四	五	六	七	八	九	九年课时总计
道德与法治	1	1	2	2	2	2	2	3	2	591
语文	6	6	6	6	6	6	5	5	5	1915
书法			1	1	1	1				
数学	3	3	4	4	4	4	5	5	5	1285

续　表

		一	二	三	四	五	六	七	八	九	九年课时总计	
外语		1（地方学时）	1（地方学时）	2	3	3	2	4	4	4	832	
历史								2	1	2	171	
地理								2	2		140	
科学	科学	1	1	2	2	2	2				350（3.7％）	8.0％—8.3％
	物理								2	3	169（1.8％）	
	化学									3	99（1％）	
	生物学							2	2		140（1.5％—1.8％）	
信息科技				1	1	1	1	1	1		210	
体育与健康		4	4	3	3	3	3	3	3	3	1 009	
艺术	音乐	4	4	2	2	2	2	1	2	2	1 046	
	美术			2	2	2	2	1				
劳动		1	1	1	1	1	1	1	1	1	313	
综合实践活动		1	1	1	1	1	1	1	1	1	313	
地方课程		1	1	1	1	1	1	1	1	1	313	
校本课程、班团队会等		班团队活动每周1学时									626	
周课时总量		26	26	30	30	30	30	34	34	34	9 522	

注：表中数字为周课时数量。

表 1-8　浙江省义务教育课程设置及比例（2023 年版）[10]

	年级									九年总课时比例
	一	二	三	四	五	六	七	八	九	
道德与法治				2				2		6.6％
语文	8		7（书法每周1课时）		6		4—5			20％～22％

续　表

	一	二	三	四	五	六	七	八	九	九年总课时比例
数学	4						4—5			13%—15%
外语	3						3—4			6%—8%
历史与社会 历史 / 人文地理	——						3			3.25%
科学	1		2		3		4—5			8%～10%
信息科技	——		1				1			2.2%
体育与健康	4		3				3			10.6%
艺术	4						2			11%
劳动 / 综合实践活动（含班团队活动）/ 地方课程 / 校本课程	3		4				4—6			14%～18%
学年周数	35	35	35	35	35	35	35	35	33	
学年课时总数	910	910	1 050	1 050	1 050	1 050	1 190	1 190	1 122	9 522

通过上述表1-7、表1-8可以看出，北京市与浙江省的课时安排略有差异，其中科学课时设置差异参见表1-9。

表1-9　北京市和浙江省义务教育阶段科学课时

科学课时设置情况		北京市	浙江省
小学科学	低、中、高年级的周课时数量	1、2、2	1、2、3
	总课时数量	350	420
	总课时数量占小学总课时数量（6 020）的比例	5.8%	7.0%
初中科学	一～三年级的周平均课时数量	4	4～5
	总课时数量	408	408～525

续　表

科学课时设置情况		北京市	浙江省
义务教育阶段科学	总课时数量占初中总课时数量(3 502)的比例	11.7%	11.7%～15.0%
	总课时数量	758	828—945
	总课时数量占义务教育阶段总课时数量(9 522)的比例	8.0%	8.7%～9.9%

通过表 1-9 可以看出,北京市和浙江省设置的小学科学课时数量分别为 350 和 420,初中科学课时数量分别为 408 和 408～525。这虽然都符合国家对义务教育科学课时占总课时的比例要求,但是产生了相同的课程内容在不同地区安排的课时有所不同的情况。因此,建议我国在国家层面对义务教育课程课时安排呈现具体的课时数量,确保相同的课程内容在相同课时数量下实施,这有利于国家对课程实施情况的精准把握与进一步改进。

二、有关高中必修课程和选修课程的设置

在普通高中课程设置方面减少必修课程的数量并降低其难度,增加选修课程的数量和层次,这有利于满足不同学生的需求,促进学生的个性化发展。

我国《普通高中课程方案(2017 年版 2020 年修订)》规定的课程课时安排参考表 1-10,将其与表 1-5 的日本高中课程设置及学分进行比较,获得的结果参见表 1-11。

表 1-10　我国普通高中课程设置及学分[11]

学科名称	必修学分(88)	选择性必修学分(≥42)	选修学分(≥14)
语文	8	0～6	0～6
数学	8	0～6	0～6
外语	6	0～8	0～6
思想政治	6	0～6	0～4
历史	4	0～6	0～4

续　表

学科名称	必修学分 （88）	选择性必修 学分（≥42）	选修学分 （≥14）
地理	4	0~6	0~4
物理	6	0~6	0~4
化学	4	0~6	0~4
生物学	4	0~6	0~4
技术（含信息技术和通用技术）	6	0~18	0~4
艺术（或音乐、美术）	6	0~18	0~4
体育与健康	12	0~18	0~4
综合实践活动	8		
劳动	6		
合计	88	≥42	≥14

注：我国高中毕业学分要求为 144 学分以上，其中，必修课程 88 学分，选择性必修课程 42 学分，选修课程 14 学分。1 学分为 18 课时，每课时为 45 分钟。

表 1-11　普通高中课程设置及学分的中日对比

序号	对比事项	中国	日本	备注
1	毕业学分要求	144 学分	74 学分	
2	1 学分用课时	18 课时	35 课时	
3	1 课时用时间	45 分钟	50 分钟	
4	毕业学分要求 总时间	116 640 分钟	129 500 分钟	相差 12 860 分钟（214.3 小时）
5	必修学分占毕 业要求学分比	61.1%（88/ 144）	47.3%（35/74）	
6	学生必修课程 的不可选择率	100%（88/88）	60%（21/35）	日本必修课程 35 学分中 有 21 学分不可选择，14 学分可选择。我国必修 课程 88 学分均不可 选择。

基于表 1-11 的数据比较，对我国普通高中课程的设置方面提出建议：

1. 普通高中课程设置中减少必修课程的数量并降低其难度。

首先,从表 1-11 的第 6 号对比事项中,可以看出高中生必修课程的不可选择率我国为 100%,日本为 60%。也就是说我国所有高中生所学的必修课程都是相同的,日本高中生的必修课程只有 60% 是相同的,余下的 40% 是学生可以根据各自情况自由选择的。

其次,从表 1-5 中可以看到日本数学学科课程的必修科目课程数学Ⅰ的学分为 3,但是该课程作为必修课程过关是修满 2 学分即可,这对不太擅长数学的学生而言就可以降低其过关难度。

再次,从表 1-5 中可以看出日本科学学科的课程都是选择性必修课程,也就是说这些课程是可以根据一定组合规定和难易程度进行自由选择的。

同样是科学学科的必修课程,对于我国高中学生来说,都要必修物理、化学、生物的课程。日本为满足普通高中不同学生的个体差异而设置的多样化、多层次课程模式,值得我们参考。

因此,减少必修课程的数量并降低其难度,有利于学生结合各自的实际情况更好地掌握相关基础知识和基本技能。

2. 增加选修课程的数量和层次。

增加选修课程的数量,能够增加学生的选择范围和自由度,有利于学生在多种可能发展的情况下发现自己的兴趣并发展其内在驱动力,有利于学生的个性化发展。

增加选修课程的层次,能够使已有明确兴趣方向的学生深入发展其兴趣,促进学生个性化素养的深度发展。

因此,增加选修课程的数量和层次,有利于满足学生的多样化需求和促进学生个性化素养的深度发展。

引用文献

[1] 孟令红.日本小学理科学习指导要领的变迁研究——1947~2011 年的七次修订[S].长春:长春出版社,2015:3.
[2] (日)平成 30 年度高等学校新教育課程説明会(中央説明会)における文部科学省説明資料.[EB/OL].(2018-09-14)[2024-04-20].https://www.mext.go.jp/a_menu/shotou/new-cs/__icsFiles/afieldfile/2018/09/14/1408677_1.pdf.
[3] (日)文部科学省.小学校学習指導要領解説総則編(平成 29 年告示)[S],東京:株式

会社東洋館出版社,2017.

［4］（日）文部科学省.中学校学習指導要領解説総則編(平成29年告示)[S].東京:株式
会社東山書房,2017.

［5］（日）文部科学省.高等学校学習指導要領(平成30年告示)[S].東京:株式会社東山
書房,2018.

［6］（日）文部科学省.小学校学習指導要領(平成29年告示)[S],東京:株式会社東洋館
出版社,2017:17-27.

［7］（日）文部科学省.中学校学習指導要領(平成29年告示)[S].東京:株式会社東山書
房,2017:3-13.

［8］中华人民共和国教育部.义务教育课程方案(2022年版)[S].北京:北京师范大学出
版社,2022:9.

［9］北京市教育委员会.关于印发《北京市义务教育课程实施办法》的通知:京教基二
[2022]11号[A/OL].(2022-09-07)[2024-04-20].https://www.beijing.gov.
cn/zhengce/zhengcefagui/202209/t20220908_2811104.html.

［10］浙江省教育厅关于印发《浙江省义务教育课程实施办法(试行)》的通知.[EB/OL].
(2023-09-04)[2024-04-20].https://www.zj.gov.cn/art/2023/9/4/art_
1229400167_60161844.html.

［11］中华人民共和国教育部.普通高中课程方案(2017年版2020修订)[S].北京:人民
教育出版社,2020.

第二章 日本中小学科学课程改革对科学探究的重视

本章首先回顾 1945 年之后日本中小学科学课程标准的历次修订情况，然后说明最新一轮日本中小学科学课程改革对科学探究的重视，最后思考我国中小学科学教育改革可获得的启示。

第一节 日本中小学科学课程标准的历次修订情况

日本 1947 年颁布的科学课程标准中，小学和初中的课标是合并颁布的，而高中课标则是以物理、化学、生物学、地学（相当于我国的自然地理）分科形式颁布的，并都带有"试案"字样。1951 年修订时，初中科学和高中科学仍合并颁布且带"试案"字样。1952 年，小学科学课标第一次单独修订，但仍带有"试案"字样。1956 年，高中科学课标第一次单独修订，但仍带有"试案"字样。1958 年颁布的小学科学课标和初中科学课标，以及 1960 年颁布的高中科学课标，去掉了"试案"字样。之后，大约每十年进行一次修订，下面将从课程目标、内容和课时三个方面说明 1958 年后日本中小学科学课程标准（即非"试案"课标）历次修订的变化情况。

一、科学课标的目标变化

1958 年后日本中小学科学课标历次修订后的课程目标变化情况参见表 2-1。

表 2-1　科学课程目标变化情况[1]~[12]

颁布时间 （年）	小学科学课程目标	初中科学课程目标	高中科学课程目标
1958~1960 （第二次 修订）	1. 亲近自然，对自然事物和现象产生兴趣，培养尊重事实并从自然中直接学习的态度。 2. 培养从自然环境中发现问题，并在事实的基础上进行逻辑思考和处理问题的态度和技能。 3. 理解与生活密切相关的自然科学的事实和基础原理，培养进行合理化生活的态度。 4. 加深理解自然与人类生活之间的关系，培养热爱自然的态度。	1. 加强对自然事物和现象的关心，培养探究真理的态度。 2. 从自然的环境中找到问题，培养根据事实有条理地思考和处理问题的能力，提高以目的为导向使用必要的机械、器具进行观察和实验的技能。 3. 加深对与生产生活基本内容有关的自然科学事实和原理的理解，并能进一步活用这些知识，培养主动创新的态度。 4. 认识到自然科学进步对丰富生活的作用，培养把自然科学的成果和方法运用到生活中，使生活更加合理化的态度。 5. 在认识自然与人类生活关系的同时，提高对自然保护利用的关心。	1. 加强对自然事物和现象的关心，培养探究真理的态度。 2. 通过对自然事物和现象的观察和实验，培养分析和处理问题的能力和态度。 3. 深刻理解有关自然事物和现象的基本事实和规律，提高知识运用能力和科创能力。 4. 培养科学的自然观，能认识到自然科学在生产生活中的运用与人类的福祉有很大的关系。
1968~1970 （第三次 修订）	亲近自然，观察自然事物和现象，根据实验等，在客观地、有逻辑地、深刻地认识自然的同时，培养科学能力和态度。因此， 1. 培养尊重生命的态度，以加深对生物和生命现象的理解。 2. 考察自然事物和现象之间的相互联系，理解物质的性	加强对自然事物和现象的关心，通过科学探究，在培养科学的问题考察和处理能力，以及科学态度的同时，认识自然与人类生活的关系。因此， 1. 从自然事物和现象中发现问题，通过探究的过程掌握科学方法，培养创造能力。 2. 理解基本的科学概念，培养综合地、统一	加强对自然事物和现象的关心，通过科学探究，在培养科学的问题考察和处理能力，以及科学态度的同时，认识自然与人类生活的关系。因此， 1. 从自然事物和现象中发现问题，通过探究的过程掌握科学方法，培养创造能力。

续　表

颁布时间（年）	小学科学课程目标	初中科学课程目标	高中科学课程目标
	质及其变化伴随的现象和作用。 3. 培养能对自然事物和现象间因果关系形成看法、想法，并对此进行定性或定量处理的能力，以及将自然看成一个整体进行考察的能力。	地考察自然构成和功能的能力。 3. 培养对自然事物和现象的科学看法、想法，以及科学的自然观。	2. 理解有关自然事物和现象的基本科学概念和规律，提高运用这些知识的能力，培养综合地、统一地考察自然构成和功能的能力。 3. 培养科学的自然观，并认识自然科学对提高人类福祉的作用。
1977～1978（第四次修订）	通过观察、实验等，培养调查自然的能力，谋求对自然事物和现象的理解，培养热爱自然的丰富情感。	通过观察、实验等，培养调查自然的能力和态度，以及对自然事物和现象更加深入的理解，并认识自然与人类的关系。	通过观察、实验等，培养探究自然的能力和态度，对有关自然事物和现象的基本概念有更加深入的理解，培养科学的自然观。
1989（第五次修订）	亲近自然，进行观察、实验等，培养解决问题的能力和热爱自然的情感，谋求对自然事物和现象的理解，培养科学的看法、想法。	加强对自然的关心，进行观察、实验等，培养科学调查能力的基础和态度，对自然事物和现象有更加深入的理解，培养科学的看法、想法。	加强对自然的关心，进行观察、实验等，培养科学探究能力和态度，对自然事物和现象有更加深入的理解，培养科学的自然观。
1998～1999（第六次修订）	亲近自然，有预测地进行观察、实验等，培养解决问题的能力和热爱自然的情感，谋求对自然事物和现象的理解，培养科学的看法、想法。	加强对自然的关心，有目的、有意识地进行观察、实验等，培养科学调查能力的基础和态度，对自然事物和现象有更加深入的理解，培养科学的看法、想法。	加强对自然的关心和探究心，进行观察、实验等，培养科学探究能力和态度，对自然事物和现象有更加深入的理解，培养科学的自然观。
2008～2009（第七次修订）	亲近自然，有预测地进行观察、实验等，培养解决问题的能力和热爱自然的情感，谋求对自然事物和现象有基于真实体验的理解，培养科学的看法、想法。	进一步接触自然事物和现象，有目的、有意识地进行观察、实验等，培养科学探究能力的基础和态度，对自然事物和现象有更加深入的理解，培养科学的看法、想法。	加强对自然的关心和探究心，有目的、有意识地进行观察、实验等，培养科学探究能力和态度，对自然事物和现象有更加深入的理解，培养科学的自然观。

续　表

颁布时间 （年）	小学科学课程目标	初中科学课程目标	高中科学课程目标
2017～2018 （第八次修订、最新一轮）	亲近自然，运用科学的看法、想法，通过有预测地进行观察、实验等，培养科学解决有关自然事物和现象的问题所必需的素质和能力。具体如下： 1. 能尝试理解有关自然的事物和现象，以及掌握有关观察、实验等的基本技能； 2. 通过进行观察、实验等，培养解决问题的能力； 3. 培养热爱自然的情感和主动解决问题的态度。	关注自然事物和现象，运用科学的看法、想法，通过有预测地进行观察、实验等，培养对自然事物和现象进行科学探究所必需的素质和能力。具体如下： 1. 能够深刻理解有关自然的事物和现象，以及掌握科学探究所必需的有关观察、实验等的基本技能； 2. 通过进行观察、实验等，培养科学探究的能力； 3. 参与与自然事物和现象相关的活动，培养科学探究的态度。	关注自然事物和现象，运用科学的看法、想法，通过有预测地进行观察、实验等，培养对自然事物和现象进行科学探究所必需的素质和能力。具体如下： 1. 能够深刻理解有关自然的事物和现象，以及掌握科学探究所必需的有关观察、实验等的基本技能； 2. 通过进行观察、实验等，培养科学探究的能力； 3. 主动参与与自然事物和现象相关的活动，培养科学探究的态度。

由表 2-1 可以看出日本中小学科学课标历次修订中有关目标表述的变化。

首先，从目标表述的形式来看，存在递进式一致的情况。例如，有关"培养科学的看法、想法"的表述，在第五次修订时小学和初中课标的表述一致，但此时在高中课标中没有这种表述，而到了第八次修订时，高中课标中的相关表述也与小学和初中课标达成了一致。再如，有关"有预测地"的表述，该表述于第六次修订时首次在小学课标的目标表述中出现，而在同次修订中初中课标相应位置增加的表述则是"有目的、有意识"；高中课标则既没有增加"有预测地"，也没有增加"有目的、有意识"。但是，在第七次修订时，高中课标的目标表述中增加了"有目的、有意识"，与初中课标达成了一致。到第八次修订时，小初高课标的目标表述均写上了"有预测地"，达成了一致。此外，也有小初高课标直接达成一致性目标表述的情况。例如在第八次修订中，小初高课标的目标表述中都含有"运用科学的看法、想法""有预测地进行观察、实验等"和"掌握（科学探究）所必需的有关观察、实验等的基本技能""培养科学探究的能力/态度"(小学目标表述中是以"问题解决"能力/态度代替"科学探究"能力/态度)的表述,一次性达成了一致,实现了小初高目标一体化。

其次,从目标表述的维度来看,日本中小学科学课程目标表述的维度经历了由多重表述阶段(第二次和第三次修订),到知识、技能、能力、态度的四维阶段(第四次至第七次修订),再到知识与技能、能力、态度的三维阶段(第八次修订)的变化。

最后,从目标表述的内容来看,经历了从多重表述到对应表述,再到按照思维层级表述与聚焦表述三个阶段。多重表述阶段如第二次和第三次修订,课标中对能力维度的表述不只是一条。对应表述阶段如第五次至第七次修订,每一个句子表述一个目标维度的内容,即知识、能力、态度等。按照思维层级表述与聚焦表述阶段则是第八次修订,此次修订中对三个目标维度的表述内容是按照记忆和训练低阶思维知识与技能、高阶思维能力及情绪情感思维的思维层级进行表述,并且都聚焦到了科学探究上,即培养科学探究能力所必要的知识与技能、科学探究能力和科学探究态度。这样的表述有利于课程内容的选择与结构化。

二、科学课标的内容变化

日本中小学科学课标历次修订的内容变化,主要通过义务教育阶段的课标变化情况进行具体说明。

1. 内容在量方面的变化:剧减—略增—稳定。

日本中小学科学课程内容的量,是指相关课标中内容知识项(相当于我国《义务教育科学课程标准(2022年版)》中"内容要求"里标有①的各项)的数量,其在历次修订中的变化情况参见表 2-2。

表 2-2　不同版本课标中的内容知识项数量[1]~[5]

颁布时间(年)	小学科学内容知识项的数量	相对1958年版比例(％)*	初中科学内容知识项的数量	相对1958年版比例(％)*
1958(第二次修订)	369	—	418	—
1968、1969(第三次修订)	228	61.8	210	50.2

颁布时间(年)	小学科学内容知识项的数量	相对1958年版比例(%)*	初中科学内容知识项的数量	相对1958年版比例(%)*
1977(第四次修订)	124	33.6	120	28.7
1989(第五次修订)	79	21.4	81	19.4
1998(第六次修订)	56	15.2	50	12.0
2008(第七次修订)	74	20.0	70	16.7
2017(第八次修订)	72	19.5	71	17.0

注：* 是本栏内容知识项数量与1958年版课标内容知识项数量的相对比例。

通过表2-2可以看出，日本中小学科学内容的量，在1958~1998年间逐次剧减到最低点，1998年版课标内容知识项数量与1958年版课标知识项数量的相对比例，小学仅为15.2%、初中仅为12.0%。该数字在之后的2008年版课标有所增加，其中小学的内容知识项数量大致恢复到了1989年版课标的水平。最新2017年版课标中的该项数字与2008年版课标大致相同，与1958年版课标该项数字的比小于20%，由此可见日本中小学科学内容的量的减少程度。

2. 内容在构成方面的变化：精选—聚焦—结构化。

首先，由表2-2看到的日本中小学科学课程内容的量的减少程度可以说明其课程内容的精选程度。

其次，关于内容的聚焦，聚集不仅要考虑内容知识项之间的关联，删除冗余或不合适的知识碎片，例如，删去学生学习比较困难的内容、比较抽象的内容、不适合进行观察和实验活动的内容、重复内容等，使其形成内在关联，聚焦为单元。还要考虑各单元之间的联系，使其再聚焦为大单元，使小学、初中、高中的课程内容之间形成连贯与进阶。

再次，关于内容的结构化，其目的是使知识体系具有结构化，从而能够在培养学生能力和素养方面更好地发挥作用。这有利于学生在观察、实验、开展科学探究的过程中，在对科学概念开展理解与建构的同时，培养自身的科学探究能力和态度，从而更好地培养他们主动、积极、创造性挑战未来可能面对的各种问题的能力。结构化不仅要求内容知识项之间要有关联，而且要求其所组成的单元之间也要有关联。其目的是在纵向上的小学-初中-高中之间形成连贯与进阶（这里的连贯与进阶不仅仅是在知识结构方面，也是在能力和素养方面），以及在横向上使学生能够通过观察、实验呈现科学知识与概念，能够通过体验科学探究过程培养科学探究能力和态度等科学素养，使其各阶段的学习都能为下一阶段学习打下基础，也为学习走向深入提供必要的知识、技能、能力等方面的保障。这一点可以通过日本最新一轮小初高科学课程内容表述看到（具体参见第三章第二节中"日本中小学科学课程内容的表述"部分）。

3. 内容在科学探究方面的变化：从单元→大单元→科目→学科内容中逐级地增加。

有关科学探究要求方面的变化，从单元开始增加有关科学探究方面的内容要求，到大单元，到科目课程，最后又增设了学科课程。例如，日本高中科学内容中有关科学探究要求方面的变化，在 1989 年版（第五次修订）开始在每个大单元内容的最后都设置一个"科学探究活动"单元内容；并增设有"科学课题研究"大单元内容；在 2008 年版（第七次修订）中则删掉了"科学课题研究"大单元内容，增设了"科学课题研究"一门科目课程；在 2017 年版（第八次修订）中又删掉了"科学课题研究"科目课程，增设了跨学科的"科数"学科课程，"科数"学科课程包含有"科数探究基础"和"科数探究"两门科目课程。再如，在 2017 年版（第八次修订）中，小初高科学课程在内容表述上统一了对科学探究的具体要求（具体参见第三章第二节中"日本中小学科学课程内容的表述"部分）。

三、科学课标的课时变化

1. 小学科学课标的课时变化。

由表 2-3 可以看出，日本小学科学在 1958～1977 年各版课标实施期间开设于小学一年级至六年级。但是，从 1989 年版课标开始，只开设于小学三年级至六年级，小学一年级和二年级的科学则与社会合并为生活课，所以，在计算小学科学课时数量时，要将小学生活课时的一半（即 104 课时）计入科学课时中，所以，表 2-3 中 1989 年版课标对应的日本小学科学课时数量占小学总课时数量的比例为 7.3％＋1.8％＝9.1％。就整体来看，日本小学科学课时数量占小学总课时数量的比例在 8.4％～10.4％之间。

表 2-3　不同版本小学科学课标的课时数量[1][2][3]

颁布时间(年)	小学科学课时数量(课时)	小学科学课时数量占小学总课时数量的比例(％)	备注
1958(第二次修订)	628	10.4	一～六年级开设科学
1968(第三次修订)	628	10.4	
1977(第四次修订)	558	9.6	
1989(第五次修订)	420＋104＝524	7.3＋1.8＝9.1	三～六年级开设科学。但一、二年开设的生活课(207课时)中有 50％的科学内容,即约 104 课时记入科学课时。
1998(第六次修订)	350＋104＝454	6.4＋2.0＝8.4	
2008(第七次修订)	405＋104＝509	7.2＋1.9＝9.1	
2017(第八次修订)	405＋104＝509	7.0＋1.8＝8.8	

2. 初中科学课标的课时变化。

由表 2-4 可以看出,日本初中科学课时数量占初中总课时数量的比例基本都在 9.9％～12.6％之间,与小学科学课时数量占小学总课时数量的比例相差不大。

表 2-4　不同版本初中科学课标的课时数量[1][4][5]

颁布时间(年)	初中科学课时数量(课时)	初中科学课时数量占初中总课时数量的比例(％)	备注
1958(第二次修订)	420	12.5	一～三年级开设科学
1969(第三次修订)	420	11.9	
1977(第四次修订)	350	11.1	
1989(第五次修订)	315～350	10.0～11.1	
1998(第六次修订)	290	9.9	
2008(第七次修订)	385	12.6	
2017(第八次修订)	385	12.6	

3. 高中科学课标中的必修科目变化情况。

日本高中科学课程标准历次修订的必修科目课程要求及学分参见表 2-5。

表 2-5　不同版本高中科学课标的必修科目[6]~[12]

颁布 (年)	高中科学的科目-学分	总学分	必修科目-学分	高中毕业学分
1960	物理 A-3、物理 B-5， 化学 A-3、化学 B-4， 生物-4,地学-2	21	选 2 门科目。 5~8 学分	85
1970	基础科学-6， 物理 I-3、物理 II-3， 化学 I-3、化学 II-3， 生物 I-3、生物 II-3， 地学 I-3、地学 II-3	30	选基础科学 1 门、或从 I 类中选 2 门科目。 6 学分	85
1978	科学 I-4、科学 II-2， 物理-4,化学-4,生物-4,地学-4	22	选 2 门科目,但必选科学 I。 6~8 学分	80
1989	综合科学-4， 物理 IA-2、物理 IB-4、物理 II-2， 化学 IA-2、化学 IB-4、化学 II-2， 生物 IA-2、生物 IB-4、生物 II-2， 地学 IA-2、地学 IB-4、地学 II-2	36	从 5 个领域部分中,选择跨领域的 2 门科目。 6~8 学分	80
1999	科学基础-2,科学综合 A-2、科学综合 B-2， 物理 I-3、物理 II-3， 化学 I-3、化学 II-3， 生物 I-3、生物 II-3， 地学 I-3、地学 II-3	30	选 2 门科目,但必修从科学基础、科学综合中选 1 门。 5 学分	74
2008	科学与人类生活-2， 物理基础-2,物理-4， 化学基础-2,化学-4， 生物基础-2,生物-4， 地学基础-2,地学-4， 科学课题研究-1	27	选 2 门科目,但必选科学与人类生活;或若不选科学与人类生活,要从基础类中选 3 门;另,在基础类中选 1 门之后,才可选科学课题研究。 4~6 学分	74

续　表

颁布 (年)	高中科学的科目-学分	总学分	必修科目-学分	高中毕 业学分
2017	科学与人类生活-2, 物理基础-2,物理-4, 化学基础-2,化学-4, 生物基础-2,生物-4, 地学基础-2,地学-4	26	选 2 门科目,但必选科 学与人类生活;或不选 科学与人类生活,从基 础类中选 3 门。 4～6 学分	74

从上述表 2-5 可以看出,日本高中科学学科课程的必修科目要求中,并不需要学习学科下属物理、化学、生物学和地学四部分的全部科目;另外,从必修学分要求来看,科学课程必修学分占高中毕业要求学分的 5%～8%。

第二节　日本中小学科学课程改革对科学探究的重视

在日本最新一轮中小学科学课程改革中,形成了 2017～2018 年版的小学、初中和高中科学课程标准。本次课改原则上从课程目标、课程内容和运用科学探究学习的教学方法上统一了小初高的科学课标表述,并着重聚焦于科学探究。为了强调对科学探究的重视,还新设了"科数"(日本称"理数")跨学科课程。"科数"跨学科课程包括"科数探究基础"和"科数探究"两门科目课程。

最新版日本中小学科学课程目标,聚焦于培养学生科学探究所必要的基础知识和基本技能、科学探究能力、科学探究态度(详见第三章第一节"日本中小学科学课程目标与科学探究")。

最新版日本中小学科学课程内容,建构了小初高统一的课程构成框架,并明确了科学课程内容的严选原则(详见第三章第二节"日本中小学科学课程内容与科学探究")。

一、学习方法明确运用科学探究方式

日本中小学科学课标在最新一轮修订中,除了统一小学、初中、高中各阶段的课程目标表述和课程内容构成框架之外,还特别强调运用科学探究

的方式学习科学。为此,不仅明确了科学探究的过程模式(参见图 2-1),而且还对实施科学探究所需要的科学能力进行了详尽说明(参见表 2-6)。

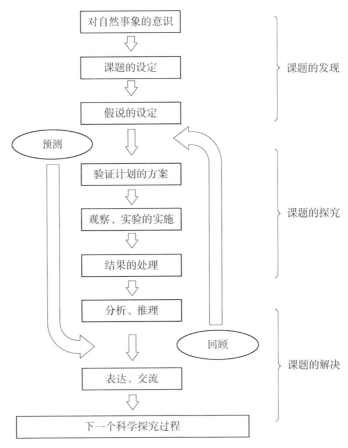

图 2-1   科学探究的过程模式[13]

表 2-6   科学探究的过程环节及需要培养的能力[13]

	科学探究的过程环节	需要培养的能力	学习方式
课题的发现	1. 对自然事象的注意	○ 主动关注自然事象(即"事物和现象"),想要进行科学探究的态度 ○ 观察自然事象,提取、整理必要的信息的能力 ○ 根据提取、整理的信息,能够发现其关联性或趋势的能力	进行讨论、交换意见

续　表

	科学探究的过程环节	需要培养的能力	学习方式
	2. 课题的设定	○ 从发现的关联性或趋势中选择、设计和确定要研究的课题的能力	进行讨论、交换意见
课题的探究	3. 假设的设定	○ 设定有预测、可验证的假设的能力	进行讨论、交换意见
	4. 验证假设的方案	○ 制订为了确认假设的观察、实验的计划的能力 ○ 评价、选择和决定观察、实验计划的能力	进行讨论、交换意见
	5. 观察、实验的实施	○ 实施观察、实验的能力	进行调查
	6. 结果的处理	○ 处理观察、实验结果的能力	进行讨论、交换意见
课题的解决	7. 分析、推理	○ 分析和解释观察、实验结果的能力 ○ 收集信息的能力,研讨假设的妥当性的能力,研究的能力 ○ 回顾整体进行推论的能力,思考改善策略的能力 ○ 创造新知识、新模型的能力,发现新课题的能力 ○ 重建事象或概念,并获取新知识的能力 ○ 将已学到的知识活用到新课题研究、日常生活或社会中的能力	进行讨论、交换意见
	8. 表达、交流	○ 撰写总结报告和进行表达、汇报的能力	研究发表、相互评价

　　通过图 2-1 和表 2-6 可以看出新课标对科学探究的一些设定。

　　首先,课标把科学探究过程明确划分为三个部分、八个环节。三个部分分别为"课题的发现""课题的探究"和"课题的解决"。八个环节中,"1. 对自然事象的注意""2. 课题的设定"属于"课题的发现"部分;"3. 假设的设定""4. 验证假设的方案""5. 观察、实验的实施""6. 结果的处理"四个环节属于"课题的探究"部分;"7. 分析、推理""8. 表达、交流"属于"课题的解决"部分。

　　其次,课标明确了科学探究过程中每个环节要培养的具体能力以及采用的学习方式。如在"1. 对自然事象的注意"环节中,明确强调要运用进行讨论、交换意见的方式,培养主动关注自然事象,想要进行科学探究的态度;观察自然事象,提取、整理必要的信息的能力;根据提取、整理的信息,能够发现其关联性或趋势的能力。

在"2.课题的设定"环节中,强调要运用进行讨论、交换意见的方式,培养从发现的关联性或趋势中选择、设计和确定要研究的课题的能力。

在"3.假设的设定"环节中,提出要运用进行讨论、交换意见的方式,培养设定有预测、可验证的假设的能力。

在"4.验证假设的方案"环节中,要求要运用进行讨论、交换意见的方式,培养制定为了确认假设的观察、实验的计划的能力;评价、选择和决定观察、实验计划的能力。

在"5.观察、实验的实施"环节中,强调通过进行调查的方式,培养实施观察、实验的能力。

在"6.结果的处理"环节中,要运用进行讨论、交换意见的方式,培养处理观察、实验结果的能力。

在"7.分析、推理"环节中,要运用进行讨论、交换意见的方式,培养分析和解释观察、实验的结果的能力;收集信息的能力,研讨假设的妥当性的能力,研究的能力;回顾整体进行推论的能力,思考改善策略的能力;创造新知识、新模型的能力,发现新课题的能力;重建事象或概念,并获取新知识的能力;将已学到的知识活用到新课题研究、日常生活或社会中的能力。

在"8.表达、交流"环节中,通过研究发表、相互评价的方式,培养撰写总结报告和进行表达、汇报的能力。

再次,说明了科学探究过程中要注意的事项。

其一,科学探究不一定都需要经历八个环节的全部过程,也可能只经过其中的部分环节,或者超过八个环节。例如,如果在"分析、推理"环节中发现了错误,就需要重新回到"验证假设的方案"环节,再依次进行直到"分析、推理"环节,最后进行"表达、交流"。

其二,在整个科学探究过程中,需要运用已学的知识和已掌握的技能。

其三,运用对话的学习方式进行意见交换和研讨交流时,首先要明确个人的想法,其次要通过与他人的交流更好地完善自己的想法。

其四,有的单元学习内容或学习题材,不能实施观察、实验,但是,即使是实施调查也要进行有逻辑的讨论,也要经历科学探究的过程。

其五,强调在小学、初中和高中进行同样的科学探究过程是非常必要的。

日本在国家课程设计层面确定了科学课程的教学方法,即运用科学探究方法进行科学学习,继而对科学探究的过程、培养的科学探究能力及运用的学习方式等提出了明确、细致的要求,非常具体且具可操作性,对教学具有很强的指导作用。这非常有利于教师深刻理解科学探究理念,有利于教师将理念转化为规范的教学行为,确保教学水准,进而更好地促进教学质量的提高,促成教学目标的高度达成。[14]

二、新设"科数"课程突出对科学探究的重视

日本在最新一轮教育课程改革中,在高中新设了由科学和数学学科课程整合而来的"科数"跨学科课程,并在跨学科"科数"学科课程中设置了"科数探究基础"和"科数探究"两门科目课程,其目的是希望能够结合科学思维和数学思维,通过科学探究学习的方式对科学与数学进行整合式的学术研究,培养学生解决问题所需要的综合素质和能力,培养具有创造性的人才。这进一步说明了日本最新一轮科学课程改革对科学探究的重视。

有关新设高中"科数"跨学科课程的详细情况,参见第六章第二节"日本高中'科数'跨学科课程与科学探究"。

第三节　思考与启示

通过对日本在1958后中小学科学课程标准的七次修订,以及最新一轮中小学科学课程标准修订对科学探究的重视等情况的研究,结合我国最新颁布的《义务教育科学课程标准(2022年版)》,对我国中小学科学课程设置提出以下思考与建议,供教育同仁研讨。

一、适当增加小学科学课时数量

适当增加小学科学课时数量,有利于开展科学探究教学和提高小学科

学教育质量。

表2-7列出了中日两国现行义务教育阶段科学课标所规定的课时数据。通过此表可以看出,中国小学科学课时数量占小学总课时数量的比例为中国初中相应数据的二分之一,日本小学相应数据的三分之二。

表2-7　中日义务教育阶段科学课时及占总课时比例[15][3][5]

	小学科学课时数量及其占小学总课时数量的比例	初中科学课时数量及其占初中总课时数量的比例	义务教育阶段科学课时数量及其占义务教育阶段总课时数量的比例
中国	350(5.8%)	408(11.7%)	758(8.0%)
日本	509(8.8%)	385(12.6%)	894(10.1%)

表2-8列出了中国小学科学(或称"自然")各版课标所规定的课时数据。通过此表可以看出,我国小学科学课时数量占小学总课时数量比例的极高值是在2017年版课标实施后的5.8%,然而该数据比日本战后对应数据的极低值8.4%还要低(参见表2-3)。同时,我国小学科学的学习内容量却比日本为多(参见表2-9)。

表2-8　中国小学科学各版课标课时情况[15]~[19]

颁布时间 (年)	小学科学课时数量 (课时)	小学科学课时数量占小学总课时数量的比率(%)	备注
1950	228	4.6	从高年级开始有自然
1956	241	4.6	从高年级开始有自然 1—4年级在语文中
1963	142	2.1	从高年级开始有自然
1978	136	3.1	从高年级开始有自然
1988	272	4.2	从一年级开始有自然
1992	272	4.2	从一年级开始有自然
2001	280	4.7	从三年级开始有科学 (具体课时以北京为例)
2017	350	5.8	从一年级开始有科学 (具体课时以北京为例)
2022	同上	同上	同上

表 2-9　中日义务教育阶段科学内容知识项的数量[20][3][5]

	小学	初中	义务教育阶段
中国	161	193	354
日本	72	71	143

因此,不论是从提高小学科学教育的质量,还是从义务教育阶段中小学科学教育的均衡方面考虑,都应适当增加小学科学课时数量。特别是当前国家提出了在"双减"背景之下对科学教育实行"加法"的要求,就更应增加小学科学的课时数量,以促进对科学教育"加法"的落实,提高小学科学教育质量。

二、适当减少义务教育阶段科学内容知识项的数量

适当减少义务教育阶段科学内容知识项的数量,有利于开展观察、实验等活动,更有效地实施与落实科学探究教学,培养学生的科学探究能力和科学核心素养。

如前述,我国科学课标中的内容知识项(《义务教育科学课程标准(2022年版)》中"内容要求"里标有①的各项)的数量即日本科学课标中"科学内容的量",表 2-9 中列出了中日两国最新义务教育阶段科学课标的相关数据。

通过上述表 2-9 可以看出,我国小学科学内容知识项数量是日本的2.2 倍,初中科学内容知识项数量是日本的 2.7 倍,整个义务教育阶段科学的内容知识项数量是日本的 2.5 倍。但是,我国义务教育阶段科学总课时数量比日本相应阶段为少(参见表 2-7)。科学学习的内容多而课时少,非常不利于以观察、实验活动为重要特征的科学探究式学习。因此,适当减少义务教育阶段科学内容知识项的数量,有利于开展观察、实验等活动,有利于更有效地对科学课程实施科学探究式教学与学习,培养学生的科学探究能力和科学核心素养。

引用文献

[1] (日)国立教育政策研究所.《教育課程の改善の方針,各教科等の目標,評価の観点等の変遷—教育課程審議会答申,学習指導要領,指導要録(昭和 22(1947)年～平

成 15(2003)年)—》[R],2005:209－230.

［2］（日）文部省. 小学校学習指導要領（平成 20 年 3 月）[S]. 東京：大蔵省印刷局，
2008:49.

［3］（日）文部省. 小学校学習指導要領（平成 29 年 3 月）[S]. 東京：大蔵省印刷局，
2017:92.

［4］（日）文部省. 中学校学習指導要領（平成 20 年 3 月）[S]. 東京：大蔵省印刷局，
2008:44.

［5］（日）文部省. 中学校学習指導要領（平成 29 年 3 月）[S]. 東京：大蔵省印刷局，
2017:63.

［6］（日）文部省. 高等学校学習指導要領[S]. 東京：大蔵省印刷局，1960.

［7］（日）文部省. 高等学校学習指導要領[S]. 東京：大蔵省印刷局，1970.

［8］（日）文部省. 改訂高等学校学習指導要領（53 年 8 月）[S]. 東京：大蔵省印刷
局，1978.

［9］（日）文部省. 高等学校学習指導要領（平成元年 3 月）[S]. 東京：大蔵省印刷局，
1989:63.

［10］（日）文部省. 高等学校学習指導要領（平成 11 年 3 月）[S]. 東京：大蔵省印刷局，
1999:67.

［11］（日）文部省. 高等学校学習指導要領（平成 21 年 3 月）[S]. 東京：大蔵省印刷局，
2009:46.

［12］（日）文部省. 高等学校学習指導要領（平成 30 年 3 月）[S]. 東京：大蔵省印刷局，
2018:129.

［13］（日）文部科学省. 高等学校学習指導要領解説理科編理数編[M]. 東京：実教出版株
式会社，2018:10.

［14］孟令红. 加强科学课程的小初高一体化设计——日本基础教育科学课程修订的启示
[J]. 基础教育课程，2020(11):73－80.

［15］北京市教育委员会. 关于印发《北京市义务教育课程实施办法》的通知：京教基二
[2022]11 号[A/OL]. (2022－09－07)[2024－04－20]. https://www. beijing. gov.
cn/zhengce/zhengcefagui/202209/t20220908_2811104. html.

［16］课程教材研究所. 20 世纪中国中小学课程标准·教学大纲汇编　自然·社会·常
识·卫生卷[M]. 北京：人民教育出版社，2001:41－132.

［17］孟令红. 日本小学科学课程标准的历次修订对我国的启示[J]. 全球教育展望，2016
(6):66－76.

［18］中华人民共和国教育部. 教育部关于印发《义务教育课程设置实验方案》的通知：教
基[2001]28 号[A/OL]. (2001－11－19)[2024－04－20]. http://www. moe. gov.
cn/srcsite/A26/s7054/200111/20011119_88602. html.

［19］中华人民共和国教育部. 教育部关于印发《义务教育小学科学课程标准》的通知：教
基二[2017]2 号[A/OL]. (2017－02－06)[2024－04－20]. http://www. moe. gov.
cn/srcsite/A26/s8001/201702/t20170215_296305. html.

［20］中华人民共和国教育部. 义务教育科学课程标准(2022 年版)[S]. 北京：北京师范大
学出版社，2022.

第三章 日本中小学科学课程中的 科学探究

本章对日本最新一轮中小学科学课程标准中的课程目标和课程内容两个方面进行研究,以探讨日本在国家课程设计层面上对科学探究的重视,并思考我国中小学科学教育课程改革可从中获得的启示。

第一节 日本中小学科学课程目标与科学探究

一、课程总目标

日本在最新一轮教育课程改革中形成的科学课程标准,对小学、初中、高中各阶段的科学课程总目标进行了统一的表述。具体参考表 3-1。

表 3-1 中小学科学课程总目标[1]94[2]63[3]129

阶段	课程总目标
小学	亲近自然,运用科学的看法、想法,通过有预测地进行观察、实验等,培养科学地解决有关自然事物和现象中的问题所必需的素质和能力。具体如下: 1. 能尝试理解有关自然的事物和现象,以及掌握有关观察、实验等的基本技能; 2. 通过进行观察、实验等,培养解决问题的能力; 3. 培养热爱自然的情感和主动解决问题的态度。
初中	关注自然事物和现象,运用科学的看法、想法,通过有预测地进行观察、实验等,培养对自然事物和现象进行科学探究所必需的素质和能力。具体如下: 1. 能够深刻理解有关自然的事物和现象,以及掌握科学探究所必需的有关观察、实验等的基本技能; 2. 通过进行观察、实验等,培养科学探究的能力; 3. 参与与自然事物和现象相关的活动,培养科学探究的态度。

阶段	课程总目标
高中	<u>关注</u>自然事物和现象,运用科学的看法、想法,通过有预测地进行观察、实验等,培养对自然事物和现象进行科学探究所必需的素质和能力。具体如下: 1. 能够深刻理解有关自然的事物和现象,以及掌握科学探究所必需的有关观察、实验等的基本技能; 2. 通过进行观察、实验等,培养科学探究的能力; 3. 主动参与与自然事物和现象相关的活动,培养科学探究的态度。

由表 3-1 可以看出日本中小学科学课程标准的特点。

首先,小学、初中、高中各阶段科学课标对课程总目标的表述形式是统一的,均分为知识与技能、能力、态度三个方面,每一方面均以一句话进行单独表述。

其次,各阶段科学课标均强调要在参与与自然事物和现象相关的活动中,通过进行观察、实验等,培养科学探究的能力和态度,理解有关的自然事物和现象,以及科学探究所必需的有关观察和实验等的基本技能。日本最新版科学课程总目标的特点,聚焦在科学探究能力的培养上,突出了科学学科的特色。科学课程总目标的表述聚焦在科学探究上,是日本最新一轮中小学科学教育课程改革的一大特点。

再次,小学、初中、高中各阶段的科学课程总目标由"<u>亲近</u>自然"到"<u>关注</u>自然事物和现象",由"能<u>尝试</u>理解有关自然的事物和现象"到"能够<u>深刻理</u>解有关自然的事物和现象",由"<u>热爱</u>自然的情感"到"<u>参与</u>与自然事物和现象相关的活动"再到"<u>主动</u>参与与自然事物和现象相关的活动",有一个逐步、连贯、进阶的提升。

二、课程具体目标

日本小学科学课程内容划分为"A 物质·能量"和"B 生命·地球"两个内容领域。日本小学科学课程的具体目标是指三至六年级的年级目标,具体参考表 3-2。

表 3-2　小学科学课程的年级目标[1]94-106

年级	年级目标	
	"A 物质·能量"内容领域	"B 生命·地球"内容领域
三年级	1. 能尝试理解物质的性质、风和橡皮筋的力的作用、光和声的性质、磁铁的性质和电流路径，以及掌握与其相关的观察、实验等的基本技能。 2. 在探究物质的性质、风和橡皮筋的力的作用、光和声的性质、磁铁的性质和电流路径的过程中，培养以寻找不同点和共同点为主要基础的发现问题的能力。 3. 在探究物质的性质、风和橡皮筋的力的作用、光和声的性质、磁铁的性质和电流路径的过程中，培养主动解决问题的态度。	1. 能尝试理解身边的生物、太阳与地表的情况，以及掌握与其相关的观察、实验等的基本技能。 2. 在探究身边的生物、太阳与地表的情况的过程中，培养以寻找不同点和共同点为主要基础的发现问题的能力。 3. 在探究身边的生物、太阳与地表的情况的过程中，培养爱护生物的态度和主动解决问题的态度。
四年级	1. 能尝试理解空气、水和金属的性质，以及电流的作用，并掌握与其相关的观察、实验等的基本技能。 2. 在探究空气、水和金属的性质，以及电流的作用的过程中，培养以已学习过的内容和生活经验为主要基础，思考得出有根据的预测或假说的能力。 3. 在探究空气、水和金属的性质，以及电流的作用的过程中，培养主动解决问题的态度。	1. 能尝试理解人体的结构与运动、动物的活动和植物的生长与环境的关系、雨水的流向与地表的情况、气象现象、月亮和星星，以及掌握与其相关的观察、实验等的基本技能。 2. 在探究人体的结构与运动、动物的活动和植物的生长与环境的关系、雨水的流向与地表的情况、气象现象、月亮和星星的过程中，培养以已学习过的内容和生活经验为主要基础，思考得出有根据的预测或假说的能力。 3. 在探究人体的结构与运动、动物的活动和植物的生长与环境的关系、雨水的流向与地表的情况、气象现象、月亮和星星的过程中，培养爱护生物的态度和主动解决问题的态度。
五年级	1. 能尝试理解物质的溶解方式、摆的运动、电流引起的磁力，以及掌握与其相关的观察、实验等的基本技能。 2. 在探究物质的溶解方式、摆的运	1. 能尝试理解生命的连续性、流水的作用、气象现象的规律性，以及掌握与其相关的观察、实验等的基本技能。 2. 在探究生命的连续性、流水的作用、

续　表

年级	年级目标	
	"A 物质·能量"内容领域	"B 生命·地球"内容领域
	动、电流引起的磁力的过程中,培养以预测或假说为主要基础,想出解决方法的能力。 3. 在探究物质的溶解方式、摆的运动、电流引起的磁力的过程中,培养主动解决问题的态度。	气象现象的规律性的过程中,培养以预测或假说为主要基础,想出解决方法的能力。 3. 在探究生命的连续性、流水的作用、气象现象的规律性的过程中,培养尊重生命的态度和主动解决问题的态度。
六年级	1. 能尝试理解燃烧的结构、水溶液的性质、杠杆的规律、电的性质和作用,以及掌握与其相关的观察、实验等的基本技能。 2. 在探究燃烧的结构、水溶液的性质、杠杆的规律、电的性质和作用的过程中,培养主要是关于结构和性质、规律和作用,产生更好想法的能力。 3. 在探究燃烧的结构、水溶液的性质、杠杆的规律、电的性质和作用的过程中,培养主动解决问题的态度。	1. 能尝试理解生物体的结构和功能、生物和环境的关系、大地的结构和变化、月相的观察方法及其与太阳的位置关系,以及掌握与其相关的观察、实验等的基本技能。 2. 在探究生物体的结构和功能、生物和环境的关系、大地的结构和变化、月相的观察方法及其与太阳的位置关系的过程中,培养主要基于它们的作用、关联、变化及关系的,产生更好想法的能力。 3. 在探究生物体的结构和功能、生物和环境的关系、大地的结构和变化、月相的观察方法及其与太阳的位置关系的过程中,培养尊重生命的态度和主动解决问题的态度。

日本初中科学课程内容划分为第一领域和第二领域两个内容领域,第一领域包含物理和化学部分内容,第二领域包含生物学和地学(相当于我国的自然地理)部分内容。日本初中科学课程的具体目标是指这两个领域的领域目标,具体参见表 3-3。

表 3-3　初中科学课程的领域目标[2]63-73

领域	领 域 目 标
第一领域	培养科学探究有关物质与能量的事物和现象所必需的素质和能力,具体如下: 1. 对有关物质与能量的事物和现象进行观察、实验等,在理解身边的物理现象,电流及其利用,运动与能量,身边的物质,化学变化与原子、分子,

续　表

领域	领 域 目 标
	化学变化与离子的同时,加深对科学技术发展与人类生活之间关系的认识。掌握对其进行科学探究所必需的观察、实验等基本技能。 2. 通过从有关物质与能量的事物和现象中发现问题,有预测地进行观察、实验等,分析和解释结果,进行表达等科学探究活动,培养发现规律和解决问题的能力。 3. 参与与物质与能量有关的事物和现象的活动,在培养科学探究态度的同时,能够综合地看待自然。
第二领域	培养科学探究有关生命和地球的事物和现象所必需的素质和能力,具体如下: 1. 对有关生命和地球的事物和现象进行观察、实验等,在理解生物体的结构与功能,生命的连续性,大地的构成和变化,气象及其变化,地球与宇宙的同时,掌握对其进行科学探究所必需的观察、实验等基本技能。 2. 通过从有关生命和地球的事物和现象中发现问题,有预测地进行观察、实验等,分析和解释结果,进行表达等科学探究活动,培养在注意多样性的同时发现规律和解决问题的能力。 3. 参与与生命和地球有关的事物和现象的活动,在培养科学探究态度和尊重生命、保护自然环境的态度的同时,能够综合地看待自然。

　　日本高中科学学科课程包括科学与人类生活、物理基础、化学基础、生物基础、地学基础、物理、化学、生物、地学九门科目课程,课程的具体目标是指各科目课程目标,具体参见表3-4。

表3-4　高中科学各科目课程目标[3]129-162

科目名称	科目课程目标
科学与人类生活	通过运用科学的看法、想法,对有关自然的事物和现象,有预测地进行观察、实验等活动,培养科学探究自然事物和现象所必需的素质和能力。具体如下: 1. 深入理解自然与人类生活以及科学技术与人类生活之间的关系,掌握进行科学探究所必需的观察、实验等技能。 2. 进行观察、实验等,培养对与人类生活有关的事象进行科学探究的能力。 3. 参与与自然事物和现象相关的活动,在培养科学探究的态度的同时,加强对科学的兴趣和关注。
物理基础	通过运用科学的看法、想法,对物体的运动和各种各样的能量,有预测地进行观察、实验等活动,培养科学探究物体的运动和各种能量所必需的素质和能力。具体如下:

科目名称	科目课程目标
	1. 能够寻找物体的运动和各种能量与日常生活及社会间的关联,进而在理解物体的运动和各种能量的同时,掌握进行科学探究所必需的观察、实验等技能。 2. 进行观察、实验等,培养科学探究的能力。 3. 主动参与与物体的运动和各种能量相关的活动,培养科学探究的态度。
物理	运用科学的看法、想法,对物理的事物和现象,有预测地进行观察、实验等活动,培养科学探究物理的事物和现象所必需的素质和能力。具体如下: 1. 深刻理解物理学的基本概念、原理,掌握进行科学探究所必需的观察、实验等技能。 2. 进行观察、实验等,培养科学探究的能力。 3. 主动参与与物理的事物和现象相关的活动,培养科学探究的态度。
化学基础	运用科学的看法、想法,对物质及其变化,有预测地进行观察、实验等活动,培养科学探究物质及其变化所必需的素质和能力。具体如下: 1. 深刻理解物质及其变化的基本概念、原理,掌握进行科学探究所必需的观察、实验等技能。 2. 进行观察、实验等,培养科学探究的能力。 3. 主动参与与物质及其变化相关的活动,培养科学探究的态度。
化学	通过运用科学的看法、想法,对化学的事物和现象,有预测地进行观察、实验等活动,培养科学探究化学的事物和现象所必需的素质和能力。具体如下: 1. 深刻理解化学的基本概念、原理,掌握进行科学探究所必需的观察、实验等技能。 2. 进行观察、实验等,培养科学探究的能力。 3. 主动参与与化学的事物和现象相关的活动,培养科学探究的态度。
生物基础	通过运用科学的看法、想法,对生物及生物现象,有预测地进行观察、实验等活动,培养科学探究生物及生物现象所必需的素质和能力。具体如下: 1. 深刻理解生物及生物现象,掌握进行科学探究所必需的观察、实验等技能。 2. 进行观察、实验等,培养科学探究的能力。 3. 主动参与与生物及生物现象相关的活动,培养科学探究的态度,以及尊重生命和保护自然环境的态度。
生物	通过运用科学的看法、想法,对生物及生物现象,有预测地进行观察、实验等活动,培养科学探究生物及生物现象所必需的素质和能力。具体如下: 1. 深刻理解生物学的基本概念、原理,掌握进行科学探究所必需的观察、实验等技能。 2. 进行观察、实验等,培养科学探究的能力。 3. 主动参与与生物及生物现象相关的活动,培养科学探究的态度,以及尊重生命和保护自然环境的态度。

续　表

科目名称	科目课程目标
地学基础	通过运用科学的看法、想法,对地球和地球周围的环境,有预测地进行观察、实验等活动,培养科学探究地球和地球周围环境所必需的素质和能力。具体如下: 1. 深刻理解地球和地球周围的环境,掌握进行科学探究所必需的观察、实验等技能。 2. 进行观察、实验等,培养科学探究的能力。 3. 主动参与与地球和地球周围的环境相关的活动,培养科学探究的态度,以及保护自然环境的态度。
地学	通过运用科学的看法、想法,对地球和地球周围的环境,有预测地进行观察、实验等活动,培养科学探究地球和地球周围的环境所必需的素质和能力。具体如下: 1. 深刻理解地学的基本概念、原理,掌握进行科学探究所必需的观察、实验等技能。 2. 进行观察、实验等,培养科学探究的能力。 3. 主动参与与地球和地球周围的环境相关的活动,培养科学探究的态度,以及保护自然环境的态度。

通过表 3-2、表 3-3、表 3-4 可以看出日本中小学科学课程具体目标的特点。

1. 课程具体目标的表述均与相应阶段课程总目标的表述对应一致,即均是从知识与技能、科学探究能力和态度三个方面进行表述,且与总目标一一对应。

2. 课程具体目标的表述均与相应阶段的具体课程内容单元相关联。

3. 课程的具体目标中,小学、初中和高中各阶段的表述是整体一致、连贯的,而且非常具体和明确地突出了科学探究。即培养进行科学探究所必需的基础知识与基本技能,培养科学探究能力和科学探究态度。

4. 课程具体目标在科学探究能力和态度方面很好地体现了小学、初中、高中各阶段及小学各学段之间的进阶。具体参见表 3-5。

表 3-5　中小学科学课程目标的进阶性[4]19

阶段	学年	科学探究能力	科学探究态度
小学	三	进行比较的调查活动,在探究自然事物和现象的过程中,在寻找不同点和共同点的基础上,发现问题,并进行表达。	主动解决问题的态度,爱护生物、尊重生命的态度。

续　表

阶段	学年	科学探究能力	科学探究态度
	四	进行寻找相关性的调查活动,在探究自然事物和现象的过程中,在已学知识和生活经验的基础上,构造有根据的假设,并进行表达。	
	五	进行控制条件的调查活动,在探究自然事物和现象的过程中,在作出的假设基础上,构想出解决方法,并进行表达。	
	六	进行多方面、多角度的调查活动,在探究自然事物和现象的过程中,提出进一步的观点,并进行表达。	
初中	一	发现问题,有预测地进行观察、实验等,发现"规律性、关联性、不同点和共同点、分类的观点和标准",并进行表达。	进行科学探究的态度,尊重生命、对保护自然环境做出贡献的态度。
	二	有预测、有解决方案地进行观察、实验等,对观察、实验的结果进行分析、解释,发现"规律性、关联性",并进行表达。	
	三	有预测地进行观察、实验等,对观察、实验的结果(或资料)进行分析、解释,发现"特征、规律性、关联性",并进行表达,同时,回顾探究的过程。另外,对自然环境的保护方法和对科学技术的利用方法等能够通过科学分析做出判断。	
高中		通过观察、实验等进行探究,发现"规律性、相关性、特征等",并进行表达。	主动参与科学探究的态度,尊重生命、对保护自然环境做出贡献的态度。

第二节　日本中小学科学课程内容与科学探究

日本在 2008～2009 年修订(第七次修订)的中小学科学课程标准中初次统一了小学、初中和高中各阶段科学课程的内容构成框架。随后,又在 2017～2018 年的第八次修订中对此框架进行了微调,使其更具结构化。例如,地球领域的内容主题由原来的"地球的内部""地球的表面"和"地球的周边"三个主题,修改为"地球内部与地表的变动""地球的大气与水的循环"和

"地球与天体的运动"三个主题；又如，在小学阶段"光的性质"内容单元中增加了"声音的性质"而成为"光和声的性质"单元，以与初中阶段的"光和声"内容单元对应与衔接。

一、课程内容的构成框架

日本中小学科学课程内容构成框架包括能量、粒子、生命和地球四部分，分别对应物理、化学、生物学和地学。这四部分的划分，主要是以各部分内容的特征为看待自然事物和现象的视角依据而进行的。

能量、粒子、生命和地球这四部分中，每个部分均由主题、单元、项三个层级的内容组成。其中，能量部分由能量的表现形式、能量的转换与守恒、能源的有效利用三个主题组成；粒子部分由粒子的存在、粒子的结合、粒子的守恒性、粒子所具有的能量四个主题组成；生命部分由生物的结构与功能、生命的连续性、生物与环境的关系三个主题组成；地球部分由地球内部与地表的变动、地球的大气与水的循环、地球与天体的运动三个主题组成。每个部分的主题所包含的单元及单元所包含的项的具体内容，参见表3-6至表3-9各表格。

表3-6　能量部分的主题、单元、项[4]15

学段	年级	主　题		
		能量的表现形式	能量的转换与守恒	能源的有效利用
小学	三	○ 风和橡皮筋的力的作用 ● 风力的作用 ● 橡皮筋的力的作用 ○ 光和声的性质 ● 光的聚焦与反射 ● 光的照射方式与亮度、暖度 ● 声音的传播方式与大小 ○ 磁铁的性质 ● 能够被磁铁吸引的物体 ● 同极与异极 ○ 电流路径 ● 电路的连接方式 ● 导电的物体		

学段	年级	主　题		
		能量的表现形式	能量的转换与守恒	能源的有效利用
	四		○ 电流的作用 ● 干电池的数量与连接方式	
	五	○ 摆的运动 ● 摆的运动	○ 电流产生磁力 ● 铁芯的磁化、磁极的变化 ● 电磁铁的磁性强弱	
	六	○ 杠杆的规律 ● 杠杆的平衡规律 ● 杠杆的利用	○ 电的利用 ● 发电、蓄电 ● 电的转换 ● 电的利用	
初中	一	○ 力的作用 ● 力的作用 ○ 光和声 ● 光的反射、折射 ● 凸透镜的作用 ● 声音的性质		
	二	○ 电流 ● 电路与电流·电压 ● 电流·电压与电阻 ● 电与电能 ● 静电与电流 ○ 电流与磁场 ● 由电流产生的磁场 ● 磁场中通电导线所受的力 ● 电磁感应与发电		
	三	○ 力的平衡与合成·分解 ● 水中的物体受到的力（包含压力、浮力） ● 力的合成·分解 ○ 运动的规律性 ● 运动的速度与方向 ● 力与运动		

续　表

学段	年级	主　题		
		能量的表现形式	能量的转换与守恒	能源的有效利用
		○ 机械能 ● 做功与能量 ● 机械能守恒		
			○ 能量与物质（能量、粒子部分共通） ● 能量与能源 ● 各种各样的物质及其利用 ● 科学技术的发展	
				○ 自然环境的保护与科学技术的利用（能量、粒子、生命、地球部分共通） ● 自然环境的保护与科学技术的利用
高中		物理基础		
		○ 运动的表现方式 ● 物理量的测定与处理方法 ● 运动的表现方式 ● 直线运动的加速度 ○ 各种各样的力及其作用 ● 各种各样的力 ● 力的平衡 ● 运动定律 ● 物体自由落体运动		
		○ 机械能 ● 动能与势能 ● 机械能守恒 ○ 波 ● 波的性质 ● 声音与振动 ○ 热 ● 热与温度 ● 热的利用 ○ 电 ● 物质与电阻 ● 电的利用		

学段	年级	主 题		
		能量的表现形式	能量的转换与守恒	能源的有效利用
			○ 能量及其利用 ● 能量及其利用 ○ 物理学开拓的世界 ● 物理学开拓的世界	

注:"○"表示为单元,"●"表示为项。

表 3-7 粒子部分的主题、单元、项[4]16

学段	年级	主 题			
		粒子的存在	粒子的结合	粒子的守恒	粒子的能量
小学	三			○ 物体与轻重 ● 形状与轻重 ● 体积与轻重	
	四	○ 空气与水的性质 ● 空气的压缩 ● 水的压缩			○ 金属、水、空气与温度 ● 温度与体积的变化 ● 热传递的不同方式 ● 水的三态变化
	五			○ 物质的溶解方式 ● 质量守恒 ● 物质溶解在水中的量的限度 ● 物质溶解在水中的量的变化	
	六	○ 燃烧的结构 ● 燃烧的结构			
				○ 水溶液的性质 ● 酸性、碱性、中性 ● 能够溶解气体的水溶液 ● 能够使金属发生变化的水溶液	

续　表

学段	年级	主　题			
		粒子的存在	粒子的结合	粒子的守恒	粒子的能量
初中	一	○ 物质的形态 ● 身边的物质及其性质 ● 气体的产生与性质		○ 水溶液 ● 水溶液 ○ 状态变化 ● 状态变化与热 ● 物质的熔点与沸点	
	二	○ 物质的组成 ● 物质的分解 ● 原子·分子	○ 化学变化 ● 化学变化 ● 化学变化中的氧化和还原 ● 化学变化与热	○ 化学变化与物质的质量 ● 化学变化与质量守恒 ● 质量变化的规律	
	三	○ 水溶液和离子 ● 水溶液的导电性 ● 原子的组成和离子 ● 化学变化和电池 ○ 化学变化与电池 ● 金属与离子 ● 化学变化与电池 ○ 能量与物质（能量、粒子部分共通） ○ 自然环境的保护与科学技术的利用（能量、粒子、生命、地球部分共通）			
高中		化学基础			
		○ 化学与物质 ● 化学的特征 ● 单质和化合物			

续　表

学段	年级	主　题			
		粒子的存在	粒子的结合	粒子的守恒	粒子的能量
		● 物质的分离·提纯 ● 热运动与物质的三态			
		○ 物质的构成粒子 ● 原子的结构 ● 电子分布与周期表	○ 物质与化学键 ● 离子与离子键 ● 分子与共价键 ● 金属与金属键		
		○ 物质量与化学反应方程式 ● 物质量 ● 化学反应方程式			
			○ 化学反应 ● 酸、碱与中和 ● 氧化与还原		
		○ 化学开拓的世界 ● 化学开拓的世界			

注:"○"表示为单元,"●"表示为项。

表 3-8　生命部分的主题、单元、项[4]17

学段	年级	主　题		
		生物的结构与功能	生命的连续性	生物与环境的关系
小学	三	○ 身边的生物 ● 身边的生物与环境的关系 ● 昆虫的生长与身体的结构 ● 植物的生长与植物体的结构		
	四	○ 人体的结构与运动 ● 骨骼与肌肉	○ 季节与生物 ● 动物的活动与季节 ● 植物的活动与季节	

续 表

学段	年级	主 题		
		生物的结构与功能	生命的连续性	生物与环境的关系
		● 骨骼与肌肉的功能		
	五		○ 植物的发芽、生长、结果 ● 种子中的养分 ● 发芽的条件 ● 生长的条件 ● 植物的授粉、结果 ○ 动物的诞生 ● 卵中的成长 ● 母体内的成长	
	六	○ 人体的结构与功能 ● 呼吸 ● 消化、吸收 ● 血液循环 ● 主要的器官 ○ 植物的养分与水的通道 ● 淀粉的形成方法 ● 水的通道		○ 生物与环境 ● 生物与水、空气的关系 ● 生物之间的食物关系 ● 人与环境
初中	一	○ 生物的观察和分类的方法 ● 生物的观察 ● 生物的特征和分类的方法 ○ 生物体的共同点和不同点 ● 植物体的共同点和不同点 ● 动物体的共同点和不同点		
	二	○ 生物与细胞 ● 生物与细胞		

续　表

学段	年级	主　题		
		生物的结构与功能	生命的连续性	生物与环境的关系
三		○ 植物体的结构与功能 ● 根、茎、叶的结构与功能 ○ 动物体的结构与功能 ● 维持生命的功能 ● 刺激与反应		
			○ 生物的成长与繁殖方式 ● 细胞分裂与生物的成长 ● 生物的繁殖方式 ○ 遗传规律与基因 ● 遗传规律与基因 ○ 生物种类的多样性与进化 ● 生物种类的多样性与进化	○ 生物与环境(生命、地球部分共通) ● 自然界的和谐 ● 自然环境的调查与保护 ● 地域的自然灾害
				○ 自然环境的保护与科学技术的利用(能量、粒子、生命、地球部分共通) ● 自然环境的保护与科学技术的利用
高中		生物基础		
		○ 生物的特征 ● 生物的共通性与多样性 ● 生物与能量		
		○ 神经系统和内分泌系统的调节 ● 信息的传递 ● 体内环境的维持机制	○ 基因及其功能 ● 基因信息与DNA ● 基因信息与蛋白质的合成	○ 植被的多样性与分布 ● 植被的迁移 ● 气候与生物群落
		○ 免疫 ● 免疫的功能		○ 生态系统及其保护 ● 生态系统与生物的多样性 ● 生态系统的平衡与保护

注:"○"表示为单元,"●"表示为项。

表 3-9　地球部分的主题、单元、项[4]18

学段	年级	主题		
		地球内部与地表的变动	地球的大气与水的循环	地球与天体的运动
小学	三		○ 太阳与地表的情况 ● 背阴处位置与太阳位置的变化 ● 地表的温度和湿度的不同	
	四	○ 雨水的流向和地表的情况 ● 地表的倾斜引起水的流动 ● 土的颗粒大小与水的渗入方式		○ 月相与星星 ● 月相的形状与月球位置的变化 ● 星星的亮度、颜色 ● 星星的位置变化
			○ 天气情况 ● 一天的气温变化 ● 水的自然蒸发和结露	
	五	○ 流水的作用与土地的变化 ● 流水的作用 ● 河的上游、下游和河滩的石头 ● 降雨的方式与涨水		
			○ 天气的变化 ● 云与天气的变化 ● 天气预报	
	六	○ 大地的结构与变化 ● 大地的构成物与地层的扩展（含化石） ● 地层的形成方式 ● 火山喷发和地震引起的大地变化		○ 月相与太阳 ● 月相的形状，月球与太阳的相对位置
初中	一	○ 观察身边的地形、地层、岩石 ● 观察身边的地形、地层、岩石 ○ 地层的重叠和过去的样子 ● 地层的重叠和过去的样子 ○ 火山与地震 ● 火山活动与火成岩 ● 地震的传播方式与地球内部的运动		

学段	年级	主题		
		地球内部与地表的变动	地球的大气与水的循环	地球与天体的运动
	一	○ 自然的恩惠与火山灾害·地震灾害 ● 自然的恩惠与火山灾害·地震灾害		
	二		○ 气象观测 ● 气象要素 ● 气象观测 ○ 天气的变化 ● 云、雾的形成 ● 锋的过境与天气的变化 ○ 日本的气象 ● 日本天气的特征 ● 大气的运动与海洋的影响 ○ 自然的恩惠和气象灾害 ● 自然的恩惠和气象灾害	
	三			○ 天体的运动与地球的自转·公转 ● 日周期运动与自转 ● 年周期运动与公转 ○ 太阳系与恒星 ● 太阳的样子 ● 行星和恒星 ● 月球和金星的运动与观测方法
		○ 生物与环境(生命、地球部分共通)		
		○ 自然环境的保护与科学技术的利用(能量、粒子、生命、地球部分共通)		
高中		地学基础		
		○ 作为行星的地球 ● 地球的形状与大小 ● 地球内部的圈层结构		
		○ 活动的地球 ● 板块运动 ● 火山活动与地震	○ 大气与海洋 ● 地球的热收支 ● 大气与海水的运动	

续　表

学段	年级	主　题		
		地球内部与地表的变动	地球的大气与水的循环	地球与天体的运动
		○ 地球的变迁 ● 宇宙、太阳系与地球的诞生 ● 古生物的变迁与地球环境		
		○ 地球的环境 ● 地球环境的科学 ● 日本的自然环境		

注:"○"表示为单元,"·"表示为项。

　　另外,在建构课程内容的结构化和系统性方面上,对课程内容的精选主要考虑以下几个基本原则:一是要科学的基本概念;二是要方便利用观察、实验等有助于理解科学基本概念的活动进行学习;三是要方便进行能够更好地呈现科学探究过程的教学活动;四是要能够方便对科学素质和能力的培养等。例如,精选能够使学生更主动地进行解决问题的探究活动的,能与日常生活和其他学科建立关联的,能加深对科学内容理解的,能感受科学趣味性的,能够认识到科学学习的意义和有用性的课程内容。精选注重使学生经历包括发现问题,作出预测、假设,进行观察、实验,对观察、实验结果进行整理、分析,使用科学概念和术语进行思考和说明等环节在内的科学探究过程的课程内容等。

　　通过表3-6至表3-9各表,可以看出日本中小学科学课程内容框架的结构特点。

　　一是分能量、粒子、生命和地球四个部分,分别对应物理、化学、生物学、地学各部分内容,每个部分的内容聚焦在三至四个主题上,并贯通小学、初中和高中。

　　二是各部分中的主题内容以单元形式将小学、初中、高中的内容形成衔接与进阶。

　　三是各部分内容均由主题、单元、项三个层级组成,体现了日本中小学科学内容框架的结构化和系统性。

二、课程内容

(一) 中小学科学课程内容的呈现方式

日本小学科学课程内容划分为"A 物质·能量"(包含物理和化学)和"B 生命·地球"(包含生物学和地学)两个领域,具体的内容单元参见表 3-10。日本小学科学课程内容中物理、化学、生物、地学各部分的内容单元及其所包含的知识项的数量参见表 3-11。

表 3-10 小学科学课程内容的单元构成

年级	"A 物质·能量"领域的 内容单元名称及项数量	"B 生命·地球"领域的 内容单元名称及项数量	单元 数量	项 数量
三	1. 物体与轻重(2) 2. 风和橡皮筋的力的作用(2) 3. 光和声的性质(3) 4. 磁铁的性质(2) 5. 电流路径(2)	1. 身边的生物(3) 2. 太阳和地表的情况(2)	7	16
四	1. 空气和水的性质(2) 2. 金属、水、空气与温度(3) 3. 电流的作用(1)	1. 人体的结构与运动(2) 2. 季节与生物(2) 3. 雨水的流向与地表的情况(2) 4. 天气情况(2) 5. 月相和星星(3)	8	17
五	1. 物质的溶解方式(3) 2. 摆的运动(1) 3. 电流产生磁力(2)	1. 植物的发芽、生长、结果(4) 2. 动物的诞生(2) 3. 流水的作用和大地的变化(3) 4. 天气的变化(2)	7	17
六	1. 燃烧的结构(1) 2. 水溶液的性质(3) 3. 杠杆的规律(2) 4. 电的利用(3)	1. 人体的结构与功能(4) 2. 植物的营养和水的通道(2) 3. 生物与环境(3) 4. 大地的结构与变化(3) 5. 月球和太阳(1)	9	22
总计			31	72

注:表中括号里的数字表示内容单元所包含的知识项的数量。

表 3-11　小学科学各部分内容单元、项的数量

部分	单元数量	项数量	备注(单元与课标内容表述的对应)
物理	9	18	三 A 2、3、4、5,四 A 3,五 A 2、3,六 A3、4
化学	6	14	三 A 1,四 A 1、2,五 A 1,六 A1、2
生物	8	22	三 B 1,四 B 1、2,五 B 1、2,六 B1、2、3
地学	8	18	三 B 2,四 B 3、4、5,五 B 3、4,六 B4、5
总计	31	72	

注:表备注中的三~六表示小学的年级,A、B表示"A 物质·能量"和"B 生命·地球"内容
领域。

　　日本初中科学课程内容划分为"第一领域"(包含物理和化学)和"第二
领域"(包含生物学和地学)两个领域,具体内容单元参见表 3-12。初中科
学内容中物理、化学、生物、地学各部分的内容大单元、内容单元、知识项的
数量,参见表 3-13。

表 3-12　初中科学课程内容的单元构成

年级	"第一领域"内容大单元名称(单元数量,项数量)	"第二领域"内容大单元名称(单元数量,项数量)	大单元数量	单元数量	项数量
一	1. 身边的物理现象(2,4) 2. 身边的物质(3,5)	1. 各种各样的生物及其共同点(2,4) 2. 大地的构成和变化(4,5)	4	11	18
二	3. 电流及其利用(2,7) 4. 化学变化与原子·分子(3,7)	3. 生物体的结构与功能(3,4) 4. 气象及其变化(4,7)	4	12	25
三	5. 运动与能量(3,6) 6. 化学变化与离子(2,5) 7. 科学技术与人类(2,4)	5. 生命的连续性(3,4) 6. 地球与宇宙(2,5) 7. 自然与人类(2,4)	6	14	28
总计			14	37	71

注:表中括号里的数字分别表示每个大单元内含有内容单元的数量和知识项的数量。

表 3 - 13 　初中科学各部分内容大单元、单元、项的数量

部分	大单元数量	单元数量	项数量	备注（大单元与课标内容表述的对应）
物理	3	9	17	一 1、3、5
化学	3	8	17	一 2、4、6
生物	3	8	12	二 1、3、5
地学	3	10	17	二 2、4、6
综合	2	4	8	一 7、二 7
总计	14	37	71	

注：备注中的一、二表示第一和第二内容领域。

高中科学学科课程包含科学与人类生活、物理基础、化学基础、生物基础、地学基础、物理、化学、生物、地学九门科目课程，下面以其中的科学与人类生活、物理基础和物理科目课程为例，说明大单元、单元、项的构成，参见表 3 - 14。

表 3 - 14 　高中科学课程内容的大单元、单元、项的构成

科目名称	大单元名称	单元名称	项名称
科学与人类生活	Ⅰ. 科学技术的发展	——	——
	Ⅱ. 人类生活中的科学	一、光和热的科学	1. 光的性质及其利用 2. 热的性质及其利用
		二、物质的科学	1. 材料与其再利用 2. 衣料与食品
		三、生命的科学	1. 人的生命现象 2. 微生物及其利用
		四、宇宙与地球的科学	1. 太阳与地球 2. 自然景观与自然灾害
	Ⅲ. 今后的科学与人类生活	——	——
物理基础	Ⅰ. 物体的运动与能量	一、运动的表示方式	1. 物理量的测定与处理 2. 运动的表示方式 3. 直线运动的加速度

续　表

科目名称	大单元名称	单元名称	项名称
物理	Ⅱ.各种各样的物理现象与能量的利用	二、各种各样的力及其作用	1. 各种各样的力 2. 力的平衡 3. 运动规律 4. 物体自由落体运动
		三、机械能	1. 动能与势能 2. 机械能
		一、波	1. 波的性质 2. 声音的振动
		二、热	1. 热与温度 2. 热的利用
		三、电	1. 物质与电阻 2. 电的利用
		四、能量及其利用	1. 能量及其利用
		五、物理学拓展的世界	1. 物理学拓展的世界
	Ⅰ.各种各样的运动	一、平面内的运动与刚体的平衡	1. 曲线运动的速度与加速度 2. 抛物运动 3. 刚体的平衡
		二、运动量	1. 运动量与冲量 2. 运动量的保存 3. 碰撞与动能
		三、圆周运动与单摆	1. 圆周运动 2. 单摆
		四、万有引力	1. 行星的运动 2. 万有引力
		五、气体分子的运动	1. 气体分子的运动与压力 2. 气体的内部能量 3. 气体的状态变化
	Ⅱ.波	一、波的传播方式	1. 波的传播方式 2. 波的干涉与衍射
		二、声音	1. 声音的干涉与衍射 2. 声音的多普勒效应

科目名称	大单元名称	单元名称	项名称
		三、光	1. 光的传播方式 2. 光的干涉与衍射
	Ⅲ. 电与磁	一、电与电流	1. 电荷与电场 2. 电场与电位 3. 电容 4. 电路
		二、电流与磁场	1. 电流产生的磁场 2. 电流在磁场中受到的力 3. 电磁感应 4. 电磁波
	Ⅳ. 原子	一、电子与光	1. 电子 2. 粒子性与波动性
		二、原子与原子核	1. 原子与光谱 2. 原子核 3. 素粒子
		三、物理学构筑的未来	1. 物理学构筑的未来
化学基础	（略）	（略）	（略）
化学	（略）	（略）	（略）
生物基础	（略）	（略）	（略）
生物	（略）	（略）	（略）
地学基础	（略）	（略）	（略）
地学	（略）	（略）	（略）

通过表3-10至表3-14各表可以看出日本中小学科学课程内容呈现方式的特点。

一是小学科学"A 物质·能量"（包含物理和化学）和"B 生命·地球"（包含生物学和地学）的领域划分与初中科学"第一领域"（包含物理和化学）和"第二领域"（包含生物学和地学）的领域划分，以及高中科学课程的分科，体现了日本中小学科学课程的对应性。

二是小学、初中、高中科学内容以单元方式呈现，并融合在统一的中小学科学课程框架之中，体现了日本中小学科学课程的整体性与一致性。

三是物理、化学、生物、地学各部分的内容单元数量基本相当,体现了日本中小学科学课程各部分内容之间的"平等"性。

四是初中设有两个大单元的综合内容,高中设有一门"科学与人类生活"科目课程的综合内容,体现了日本中小学科学课程中具有综合性成分。

(二) 中小学科学课程内容的表述

日本小学科学课程内容的表述,是以单元为单位,并分"单元—项"两个层级进行的,下面以小学科学三年级"风和橡皮筋的力的作用"单元为例进行说明。

"风和橡皮筋的力的作用"单元内容具体表述如下:[1]95

> 关于风和橡皮筋的力的作用,着重于力与物体的运动情况,通过调查比较活动,指导掌握以下各项。[单元表述中(1)及同级序号下为项]
>
> 1. 理解以下各项的同时,掌握与其相关的观察、实验等技能。
>
> (1) 风的力量能够使物体运动起来。若改变风力的大小,物体的运动情况也会发生改变。
>
> (2) 橡皮筋的力量能够使物体运动起来。若改变橡皮筋的力的大小,物体的运动情况也会发生改变。
>
> 2. 在探究风和橡皮筋的力的作用与物体的运动情况的过程中,主要在通过寻找不同点和共同点的基础上,发现有关风和橡皮筋的力的作用的问题,并进行表达。

日本初中科学课程内容的表述,是以大单元为单位,分"大单元—单元—项"三个层级进行的,下面以初中科学"身边的物理现象"大单元为例进行说明。

"身边的物理现象"大单元内容具体表述如下:[2]63-64

> 通过对身边的物理现象进行观察、实验等,指导掌握以下各项。[大单元表述中(1)及同级序号下为单元项,①及同级序号下为项]
>
> 1. 将身边的物理现象与日常生活和社会相关联,在能够理解以下各项的同时,掌握与其相关的观察、实验等技能。

（1）光和声

① 光的反射、折射

进行光的反射和折射的实验，能够发现并理解光在水、玻璃等物质的界面上发生反射和折射时的规律。

② 凸透镜的作用

进行有关凸透镜的作用的实验，能够发现并理解物体的位置与所成的像之间的关系。

③ 声音的性质

进行有关声音的实验，能够发现并理解声音是由于物体的振动产生的，并能在空气等物质中传播，声音的高低和大小与发声体的振动方式有关系。

（2）力的作用

① 力的作用

进行对物体施加力的实验，能够发现并理解给物体施加力时，物体的状态开始发生变化，物体开始运动，其运动状态是发生变化的；知道力是有大小和方向的。另外，进行对物体施加两个力的实验，能够发现并理解力的平衡条件。

2. 对身边的物理现象，能够发现问题，有预测地进行观察、实验等，并且能够发现并表达光的反射和折射、凸透镜的作用、声音的性质、力的作用的规律性或相关性。

日本高中科学课程内容的表述，也与初中一样分"大单元—单元—项"三个层级进行，下面以高中物理基础"物体的运动与能量"大单元为例进行说明。

"物体的运动与能量"大单元内容的具体表述如下：[3]133-134

通过对日常发生的物体运动的观察、实验等，指导掌握以下各项。

1. 在理解物体的运动和能量与日常生活和社会相关联的同时，掌握与其相关的观察、实验技能。

（1）运动的表现方法

① 物理量的测定和处理方法

关于身边的物理现象，理解物理量的测定和表示方法，以及分析方法。

② 运动的表示方法

关于物体运动的表示方法，理解以直线为中心的运动。

③ 直线运动的加速度

进行有关物体的速度发生变化的直线运动的实验，在发现时间与速度的关系的同时，理解物体在直线运动时的加速度。

（2）各种各样的力及其作用

① 各种各样的力

理解物体受到的各种力的作用。

② 力的平衡

理解物体受到的平衡力的作用。

③ 运动定律

进行物体受到力的作用时的运动实验，能够发现和理解物体的质量、物体所受到的力及物体产生的加速度之间的关系，理解运动的三定律。

④ 物体自由落体运动

理解物体自由落体运动的特征以及所受的力与物体运动的关系。

（3）机械能

① 动能和势能

理解动能和势能及其与做功的关系。

② 机械能守恒

进行有关机械能守恒的实验，理解机械能守恒定律、机械能及其与做功的关系。

2. 通过探究有关物体运动与能量的观察、实验，发现运动的表示方式、各种各样的力及其作用，及机械能之间的关系和规律性，并进行表达。

通过上述小学科学"风和皮筋的力的作用"单元、初中科学"身边的物理现象"大单元和高中科学"物体的运动与能量"大单元的内容表述,可以看出日本中小学科学课程内容表述的特点。

一是小学、初中和高中内容表述的一致,都是以单元形式呈现具体内容。

二是单元内容的表述形式与目标表述形式的一致,每个单元的内容表述都是由1、2两个部分组成。第1部分表述的是目标的"知识与技能"维度对应内容;第2部分表述的是目标的"科学探究能力"维度对应内容。

三是单元内容的表述对课程总目标和具体目标进行了分解,单元内容的表述明确了各阶段、各年级要培养的素质和能力的重点,这有利于教育活动的设计和实施及教学目标的达成。这样的内容表述是日本最新一轮科学课程改革的创新点之一,而在之前的历次修订中,课程内容的表述都只是针对知识的陈述。

第三节 思考与启示

基于前述对日本最新一轮课程改革小初高科学课程目标和课程内容的说明,结合我国最新实施的2022年版义务教育科学、物理、化学、生物学各课程标准(以下称小学科学课标、初中物理课标、初中化学课标、初中生物学课标)及2017年版2020年修订高中物理、化学、生物学各课程标准(以下称高中物理课标、高中化学课标、高中生物学课标),对我国中小学科学教育课程改革提出如下思考与建议,供教育同仁研讨。

一、建议统一中小学各阶段课程目标表述

我国中小学科学课程对课程目标和核心素养的表述大体一致,但是缺乏统一表述(参见表3-15)。统一中小学各阶段科学课程目标的表述,有利于明确能力培养的一致、衔接与进阶,有利于核心素养的养成。

表 3-15　中国中小学科学课程目标的表述情况[5]~[11]

	核心素养内涵(学科核心素养)	目标要求(课程目标)
小学科学	科学观念、科学思维、探究实践、态度责任	4 项、4 段落,每项有标题
初中物理	物理观念、科学思维、科学探究、态度责任	4 项、4 段落,每项没有标题
初中化学	化学观念、科学思维、科学探究与实践、科学态度与责任	4 项、4 段落,每项有标题
初中生物学	生命观念、科学思维、探究实践、态度责任	5 项、5 段落,每项有标题
高中物理	物理观念、科学思维、科学探究、科学态度责任	4 项、4 段落,每项没有标题
高中化学	宏观辨识与微观探析、变化观念与平衡思想、证据推理与模型认知、科学探究与创新意识、科学态度与社会责任	5 项、5 段落,每项没有标题
高中生物学	生命观念、科学思维、探究实践、社会责任	5 项、1 段落

课程目标一般涉及知识、技能、能力、态度等几个方面,在中小学各阶段对科学课程目标进行统一设计并进行分项表述,有利于更好地指导教学,达成各阶段目标以及促进学生能力培养与进阶发展,同时也有利于促进学生核心素养的提升与发展。统一中小学各阶段的科学课程目标表述,加强课程目标的一致性、连续性与进阶性,有利于对课程内容的精选和对目标达成情况的精准把握,进而对教学进行有针对性改进。因此,统一中小学各阶段科学课程目标的表述,有利于进一步加强能力培养的一致、衔接与进阶,有利于核心素养的培养。

二、建议统一中小学各阶段科学课程内容的框架和表述方式

统一中小学各阶段的科学课程内容框架和表述方式,有利于各阶段学习的连贯与深入。我国中小学科学课程的内容表述,均以学习主题(或模块,或核心概念)的形式,及内容要求、学业要求和教学提示的统一方式呈现。其中内容要求的具体表述情况参见表 3-16。

表 3 - 16   中国中小学科学课程内容的表述情况[5]~[11]

	课程内容的呈现方式	课程内容的表述方式
小学科学	核心概念、学习内容、内容要求	核心概念、学习内容以短语形式呈现,内容要求以对具体内容进行说明的形式呈现。
初中物理	一级主题、二级主题、三级主题	一级主题、二级主题以短语形式呈现,三级主题以对具体内容进行说明的形式呈现。
初中化学	以学习主题形式呈现。每个学习主题由五个维度的内容构成,包括大概念、核心知识、基本思路与方法、重要态度、必做实验及实践活动。	大概念、核心知识以先使用短语为标题,然后再进行具体说明的形式呈现。
初中生物学	以学习主题形式呈现。每个学习主题以大概念、重要概念和次位概念的层级形式呈现相应的概念体系。	大概念、重要概念和次位概念均以陈述句的形式呈现。
高中物理	以主题形式呈现。每个主题分项进行具体说明。	与初中物理一致。
高中化学	以主题形式呈现。内容要求部分有五个维度说明,每个维度与初中化学一致。	与初中化学一致。
高中生物学	以模块形式呈现。内容要求部分有三个层级的概念形式说明,与初中生物学一致。	与初中生物学一致。

通过表 3 - 16 可以看出,我国中小学科学课程的呈现和表述方式在各学科存在不同。确定中小学科学课程内容的统一框架、呈现和表述方式,有利于精选能更好促进目标达成的课程内容,构建合理的课程结构,避免各学段内容知识的重复;有利于减轻学生负担和节约课时,使学生的学习更加深入和高效;有利于学生逐渐积累学科知识与能力,逐步达成目标。因此,确定中小学各阶段科学课程内容的统一框架、呈现和表述方式,有利于各阶段学习的连贯与深入。

三、建议精简课程内容

精简课程内容,选择有利于使课程目标具体化的知识内容,使其形成一定的结构和体系,有利于高效地实现课程目标。课程目标一般涉及知识、技能、能力、态度等几个方面,但是,这几个方面的培养不可能是分开进行的。这就需要我们思考和研究选择什么类型的科学知识,进行怎样的组合,构建什么样的课程体系,才能使课程发挥最大的作用,才能最大程度达成课程目标。此外,大家都希望在少而精的课程内容中最高效地达成课程目标。那么,在保证达成课程目标的前提下,课程内容究竟要少而精到什么程度? 如何进行课程改革,才能更好和更高效地达成课程目标,使课程标准的修订、教学实践的改进和教学评价的完善能够形成一个有利于学生发展的良性循环过程? 总之,建议精简课程内容,选择有利于使课程目标具体化的知识内容,使其形成一定的结构和体系,有利于高效地实现课程目标。[12]

四、建议明确中小学各阶段对科学探究的统一要求

明确中小学各阶段对科学探究的统一要求,有利于科学探究教学的规范实施与有效落实。我国2001年后历次基础教育课程改革所形成的科学课程标准,无论哪个版本,均倡导科学探究,并对何谓科学探究进行了说明。但小初高中各阶段对科学探究的说明缺乏一个整体和统一的表述。此外,虽然科学探究教育理念已被大家所认同,但是在实际教学中往往得不到很好落实。[13]对科学探究的概念在国家课程设计层面进行小初高各阶段统一界定,并对其所包含的要素进行具体说明,有利于更好地保障学生在各阶段学习中科学探究能力的层次递进,更好地规范教师教学行为和方便科学探究教学的规范实施,更好地提高学生的学习效果及科学探究教学的水准和质量。

表 3-17　中国最新版科学课标对科学探究的说明[5]~[11]

	对科学探究的要求
小学科学	形成科学探究的意识,理解科学探究是探索和了解自然、获得科学知识、解决科学问题的主要途径,理解科学探究涉及提出问题、作出假设、制订计划、搜集证据、处理信息、得出结论、表达交流和反思评价等要素,具有初步的科学探究能力。
初中物理	有科学探究的意识,能发现问题、提出问题,形成猜想与假设,具有初步的观察能力和提出问题的能力;能制定简单的科学探究方案,有控制实

续　表

	对科学探究的要求
	验条件的意识,会通过实验操作等方式收集信息,初步具有获取证据的能力;能分析、处理信息得出结论,初步具有对科学探究过程和结果作出解释的能力;能书面或口头表述自己的观点,能自我反思和听取他人意见,具有与他人交流的能力。
初中化学	认识实验是科学探究的重要形式和学习化学的重要途径,能进行安全、规范的实验基本操作,独立或与同学合作完成简单的化学实验任务;能主动提出有探究价值的问题,从问题和假设出发,确定探究目标,设计和实验实施方案,获取证据并分析得到结论,能用科学语言和信息技术手段合理表达探究的过程和结果,并与同学交流;在科学探究与实践活动中,能根据自己的实际情况制定学习计划,开展自主学习活动,能与同学合作分享,善于听取他人的合作建议,评价、反思、改进学习过程与结果,初步形成自主合作探究的能力。
初中生物学	能够从生物学现象中发现和提出问题、收集和分析证据得出结论。综合运用生物学和其他学科的知识、方法与实验操作技能,采用工程技术手段,通过设计、制作和改进,形成物化成果,将解决问题的想法或创意付诸实践,逐步形成团队合作意识、坚持不懈的探索精神、实践创新意识、审美意识和创意实现能力。
高中物理	具有科学探究意识,能在观察和实验中发现问题、提出合理猜想与假设;具有设计探究方案和获取证据的能力,能正确实施探究方案,使用不同方法和手段分析、处理信息,描述并解释探究结果和变化趋势;具有交流的意愿与能力,能准确表述、评估和反思探究过程与结果。
高中化学	能发现和提出有探究价值的化学问题,能依据探究目的设计并优化实验方案,完成实验操作,能对观察记录的实验信息进行加工并获得结论;能和同学交流实验探究的成果,提出进一步探究或改进的设想;能尊重事实和证据,破除迷信,反对伪科学;养成独立思考、敢于质疑和勇于创新的精神。
高中生物学	掌握科学探究的思路和方法,形成合作精神,善于从实践的层面探讨或尝试解决现实生活问题。

引用文献

［1］（日）文部科学省.小学校学習指導要領(平成29年告示)［S］.東京:株式会社東洋館出版社,2017.

［2］（日）文部科学省.中学校学習指導要領(平成29年告示)［S］.東京:株式会社東山書房,2017.

［3］（日）文部科学省.高等学校学習指導要領(平成30年告示)［S］.東京:株式会社東山

書房,2018.

［4］（日）文部科学省.高等学校学習指導要領解説理科編理数編［M］.東京:実教出版株
式会社,2018.

［5］中华人民共和国教育部.义务教育科学课程标准(2022年版)［S］.北京:北京师范大
学出版社,2022.

［6］中华人民共和国教育部.义务教育物理课程标准(2022年版)［S］.北京:北京师范大
学出版社,2022.

［7］中华人民共和国教育部.义务教育化学课程标准(2022年版)［S］.北京:北京师范大
学出版社,2022.

［8］中华人民共和国教育部.义务教育生物学课程标准(2022年版)［S］.北京:北京师范
大学出版社,2022.

［9］中华人民共和国教育部.普通高中物理课程标准(2017年版2020年修订)［S］.北
京:人民教育出版,2020.

［10］中华人民共和国教育部.普通高中化学课程标准(2017年版2020年修订)［S］.北
京:人民教育出版,2020.

［11］中华人民共和国教育部.普通高中生物学课程标准(2017年版2020年修订)［S］.北
京:人民教育出版,2020.

［12］孟令红.日本2017版小学科学课程标准对我国的启示［J］.基础教育课程,2019(5):
76－80.

［13］周丽,郑永和,裴新宁,等.如何补齐科学教育中的"实验"短板?［J］.教育家,2023
(1):14－17.

第四章 日本中小学科学教学中的科学探究

本章以日本中小学科学教科书(新兴出版社启林馆版)为主要研究对象,从日本中小学科学教学单元的建构、教学活动的设计及教学环境的提供三个方面,对日本如何在课程实施层面上落实国家课程设计层面上的科学探究要求作出具体说明,并由此思考我国中小学科学教育教学改革方面可获得的启示。

第一节 日本中小学科学单元的建构及其组成

一、科学教科书中的单元

为呈现相关教材小学、初中、高中各阶段之间的衔接性,本节对日本中小学科学教科书单元的说明,以物理部分的内容单元为例(即以小学和初中科学教科书中的物理部分及高中科学的物理基础和物理教科书的目录为例)进行。具体参见表4-1、表4-2、表4-3、表4-4。

表4-1 小学科学教科书目录中物理部分相关单元[1]~[4]

章	节	备注
一、风和橡皮筋的力的作用	1. 风力的作用 2. 橡皮筋的力的作用	小学三年级
二、光的性质	1. 阳光反射的前进方式 2. 反射的阳光重叠时 3. 聚集阳光的时候	同上

续　表

章	节	备注
三、点亮小灯泡	1. 小灯泡亮时 2. 导电的物体	同上
四、不可思议的磁铁	1. 磁铁吸引的物体 2. 磁铁的磁极 3. 磁铁吸引的铁	同上
五、声音的性质	1. 声音产生时 2. 声音传播时	同上
六、电流的作用	1. 干电池的作用	小学四年级
七、摆的规律	1. 摆往返一次的时间	小学五年级
八、电流与电磁铁	1. 电磁铁的性质 2. 电磁铁磁性的强弱	同上
九、杠杆的作用	1. 使用棒"杠杆" 2. 杠杆的水平平衡 3. 利用杠杆原理的工具	小学六年级
十、发电与电的利用	1. 发电 2. 电的利用	同上

表 4-2　初中科学教科书目录中物理部分相关单元[5]~[7]

大单元	章	节	备注
Ⅰ. 光、声、力的现象	一、光的现象	1. 光的直线传播 2. 光的反射和折射 3. 凸透镜的作用	初中一年级
	二、声音的现象	1. 声音的传播方向 2. 声音的大小与高低	
	三、力的现象	1. 力的作用 2. 力的大小的测量 3. 物体的重力与质量 4. 力的表示方法 5. 一个物体受到两个力的时候	
Ⅱ. 电流及其利用	四、电流的性质	1. 电流流动的路径 2. 电路与电流 3. 电路与电压 4. 电压与电流的关系	初中二年级

续　表

大单元	章	节	备注
		5. 电流、电压与电阻 6. 表示电流作用的量	
	五、电流	1. 静电 2. 静电与电流 3. 电流的形成 4. 放射线的发现与利用	
	六、电流与磁场	1. 磁场 2. 电动机的结构 3. 发电机的结构	
Ⅲ. 运动与能量	七、力的合成与分解	1. 水中物体受到的力 2. 力的合成 3. 力的分解	初中 三年级
	八、物体的运动	1. 运动的表示方式 2. 水平面上的物体的运动 3. 斜面上的物体的运动 4. 物体间的相互作用	
	九、做功与能量	1. 做功 2. 能量 3. 势能与动能	
	十、多种多样的能量及其转换	1. 能量的种类 2. 能量的转换与守恒 3. 热传递	
	十一、能源及其利用	1. 生活中的能量 2. 能源利用上的课题 3. 能源的有效利用	

表 4-3　高中物理基础教科书目录^[8]

大单元	章	节
	序章:用物理学探究自然	
Ⅰ. 物体的运动与能量	一、物体的运动	1. 速度 2. 加速度 3. 落体运动
	二、力与运动	1. 力 2. 运动规律 3. 各种各样的力与运动

续　表

大单元	章	节
	三、做功与能量	1. 做功 2. 动能 3. 势能 4. 机械能的守恒
Ⅱ. 热	四、热与能量	1. 热与温度 2. 热量 3. 热量与功的转化
Ⅲ. 波	五、波的性质	1. 波的传播方式 2. 波的性质
	六、声	1. 声波的性质 2. 声源的振动
Ⅳ. 电与磁	七、静电与电流	1. 静电 2. 电流
	八、交流与电磁波	1. 电磁感应与发电机 2. 交流与电磁波
Ⅴ. 物理与我们的生活	九、能量及其利用	1. 各种各样的能量及其利用
	十、物理学拓展的世界	医疗：看见肉眼看不见的东西 工学：组合技术 力学：支撑巨大桥梁的技术 防灾：从地震中保护建筑物的技术

表4-4　高中物理教科书目录[9]

大单元	章	节
	序章：用物理学探究世界	
Ⅰ. 各种各样的运动	一、物体的运动	1. 平面内的运动 2. 落体运动
	二、刚体的平衡	1. 刚体的平衡
	三、动量与冲量	1. 动量守恒 2. 碰撞与机械能
	四、圆周运动与单摆	1. 圆周运动 2. 惯性力 3. 单摆

续　表

大单元	章	节
	五、万有引力	1. 万有引力
Ⅱ. 热	六、气体分子的运动	1. 气体的状态方程式 2. 气体分子的热运动 3. 热力学第一定律 4. 气体的状态变化与热、做功
Ⅲ. 波	七、波的性质	1. 正弦波的表示方法 2. 波的传播方式
	八、声	1. 声音的性质 2. 多普勒效应
	九、光	1. 光的性质 2. 透镜与球面镜 3. 光的衍射与干涉
Ⅳ. 电与磁	十、电场与电位	1. 静电 2. 电场 3. 电位 4. 电容器
	十一、电流	1. 电流 2. 直流电流 3. 半导体
	十二、电流与磁场	1. 磁力与磁场 2. 电流产生的磁场 3. 电流在磁场中受到的力 4. 洛伦兹力
	十三、电磁感应与电磁波	1. 电磁感应定律 2. 磁场中运动的导体 3. 自感与互感 4. 交流电 5. 电磁振荡与电磁波
Ⅴ. 原子、分子的世界	十四、电子与光	1. 电子的电荷与质量 2. 光的粒子性 3. X 射线 4. 粒子的波动性
	十五、原子、原子核、素粒子	1. 原子模型 2. 原子核与放射线 3. 核反应与核能 4. 素粒子与宇宙
	终章:物理学构筑的未来	

通过上述表 4 - 1 至表 4 - 4 可以看出,日本中小学科学教科书目录是以章和节二个层级呈现,初中和高中的教科书目录是以大单元、章、节三个层级呈现。物理部分的内容,在小学阶段涉及力、电、磁、声、光的具体内容;初中阶段的内容能够与小学阶段衔接,并在小学阶段上增加了热的内容;高中阶段的内容能够与初中阶段衔接,并在初中基础上增加了波、原子、分子的内容。

二、单元与课程内容的关系

日本中小学科学课程标准中,虽然小学和初中科学课程内容均划分为两个领域,但是这两个阶段的科学课程内容都包含物理、化学、生物学、地学四部分,而高中科学又分物理、化学、生物学、地学等科目,所以日本中小学科学课程内容是与课程内容构成框架的能量、粒子、生命和地球四个主题一致的。

下面以科学课程中的物理部分(能量主题)内容为例,说明相关教科书中的单元与课程内容之间的关系。

参考表 3 - 6 和表 4 - 1 至表 4 - 4,可以看出日本中小学科学课程内容物理部分的力与运动、电与磁、光与声几条主线(具体参见图 4 - 1)贯穿小学、初中和高中,这充分体现了相关教科书单元内容与课程内容之间的一致关系。

日本中小学科学课程标准中,小学科学课程内容是以单元形式表述,初中和高中科学内容是以大单元形式表述(具体参见第三章第二节)。也就是说,小学科学教科书的二级目录(章、节)呈现方式与课程内容的单元表述形式一致,初中和高中科学教科书的三级目录(大单元、章、节)呈现方式也与相应课程内容的大单元表述形式一致。这一点也可通过日本小学的不同版本教科书目录基本一致[11][12]得到证明。也就是说,日本中小学教科书中的大单元、章、节的设计是在国家课程设计层面上完成的,这样的课程设计,非常有利于课程的实施,同时也有利于确保课程扎实有效的落实。

三、单元的组成

单元是课程设计中的单位,也是落实课程目标的基本单位,因为在单一

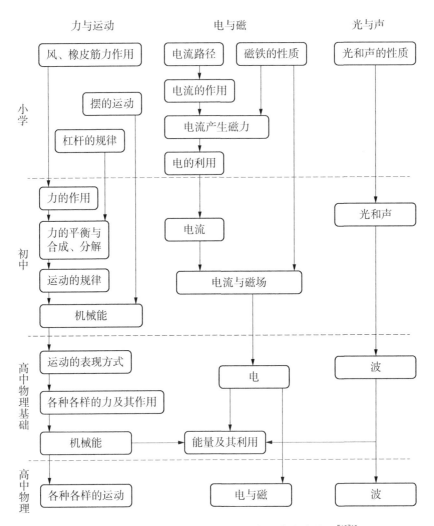

图4-1　日本中小学科学课程物理部分内容主线图[10]10

课时的教学实践里很难同时落实个多维度的课程目标,但是,由多课时组成的单元可以同时落实课程目标各个维度的要求。所以,单元是进行有效教学,落实课程目标的基本单位。

下面以日本小学科学四年级"水的状态"单元和初中科学三年级"运动与能量"大单元为例,说明日本中小学科学单元的具体组成。

小学科学"水的状态"单元的具体组成参见表4-5。

表4-5　"水的状态"单元组成[2]150-165

内容题目	页数*	主要内容及教学活动
单元首页	2	单元内容学习的导入,介绍单元的学习目标和设置的学习情境,并提出思考问题:水是如何随着温度变化而改变状态的?
第一节"水加热时的变化"	6	问题(水持续加热会如何呢?)——实验1(水加热时的变化)——结果——结果分析——总结——还想知道什么——问题(水加热时出现的热气是什么?)——实验2(水加热时出现的气泡是什么)——结果——结果分析——总结
第二节"水冷却时的变化"	3	问题(水持续冷却会如何呢?)——预想(水冷却时会变成冰)——实验3(水冷却时的变化)——结果——结果分析——总结
第三节"水的三种状态"	1	对水的气体、液体、固体三种状态的总结与说明
单元总结	1	对单元的学习内容、科学术语做出总结。
单元习题	1	以习题的形式对单元学习内容进行确认和巩固,以及思考所学的运用。并且,让学生通过再次思考单元首页提出的问题(水是如何随着温度变化而改变状态的?),来总结自己对单元学习的具体收获。
单元学习的运用	2	将单元学习内容与日常生活和社会中的事象关联起来,起到学以致用的作用,并让学生能够感受和认识到学习的意义和实用性。
共计	16	

注:＊为该内容占教科书的页数。

通过表4-5可以看出日本小学科学教科书单元组成的特点。

一是单元由单元首页、单元具体内容(各节内容)、单元总结、单元习题和单元学习运用五部分组成。

二是单元具体内容都有实验,并注重以科学探究方式呈现的教学活动。

三是注重单元总结,配有单元习题,并把所学的内容与日常生活和社会进行关联。

四是通过单元学习前后对同一具体问题的思考,让学生总结自己通过单元学习所得的具体收获。

初中科学三年级"运动与能量"大单元的具体组成参见表4-6。

表 4-6 "运动与能量"大单元组成[7]174-249

内容题目	页数*	主要内容及教学活动
大单元首页	2	● 大单元内容学习的导入,介绍大单元的学习目标和设置的学习情境 ● 明确大单元学习前后要思考的具体问题
第一章 "力的合成与分解"	14	● 回忆学过的与本单元内容有关的知识 1. 水中的物体受到的力 -水压 -试试看(调查水的深度与橡胶模的凹陷程度的关系实验) -物体在水中受到的力 -实验1(水中的物体受到的力) -浮力与物体的沉浮 -"深入实验"专栏(浮力的大小是由什么决定的? →科学史) -"防灾减灾实验"专栏(不小心掉到水里的时候,好好利用浮力吧) 2. 力的合成 -在一条直线上的2个力的合成 -有角度的2个力的合成 -实验2(有角度的2个力的合成) -3个力的合成 -"深入实验"专栏(斜拉桥上的力) 3. 力的分解 -如何把1个力分解为2个力? -"料理实验"专栏(菜刀为什么能够切开坚硬的食材?) ● 单元总结
第二章 "物体的运动"	19	● 回忆学过的与本单元内容有关的知识。 1. 运动的表示方式 -调查运动的方法 -试试看(使用打点计时器调查走路时的快慢变化的实验) 2. 水平面上的物体的运动 -物体受到一定的持续力作用时的运动 -实验3(给小车持续施加一定的力时,小车的运动是怎样的?) -物体不受力的作用时的运动 -"部活动实验"专栏(篮球投篮的诀窍) 3. 斜面上的物体的运动 -实验4(探究小车在斜面上的运动) -斜面上的物体受力的分解 -"深入实验"专栏(铁球和羽毛哪个下落的快?) 4. 物体间的相互作用 -"深入实验"专栏(离子发动机和气球飞行的结构) -"深入实验"专栏(二力平衡与作用力、反作用力的区别) ● 单元总结

续　表

内容题目	页数*	主要内容及教学活动
第三章 "做功与能量"	12	● 回忆学过的与本单元内容有关的知识。 1. 做功 -在重力、摩擦力作用下的做功 -实验5［使用工具(斜面、滑轮)做功］ -功率 -"应用实验"专栏(用起重机举起和1 775辆汽车一样重的桥) 2. 能量 -实验6(物体所具有的能量与高度和质量的关系) -实验7(物体所具有的能量与速度和质量的关系) -"应用实验"专栏(动能和势能的计算) 3. 势能与动能 -"应用实验"专栏(伽利略的思考实验→科学史) ● 单元总结
第四章 "多种多样的能量及其转换"	9	● 回忆学过的与本单元内容有关的知识。 1. 能量的种类 -电能、弹性能、热能、机械能、声能、光能、化学能、核能 2. 能量的转换与守恒 -实验8(能量的转换) -能量的转换效率 -试试看(调查能量转换的比例实验) 3. 热传递 ● 单元总结
第五章 "能源及其利用"	10	● 回忆学过的与本单元有关的知识 1. 生活中的能量 -调查火力(石油、煤炭、天然气)、水力、核能、地热、太阳能、风力等发电方法的结构,讨论各种发电方法的长处和短处 2. 能源利用上的课题 -放射线的种类、性质、利用及对人体的影响 -"深入实验"专栏(根据放射性物质的比例测定年代) 3. 能源的有效利用 -思考能源枯竭对环境的影响,能源的利用上有各种各样的课题,为了保持物质丰富、生活便利、可持续发展的社会,我们应该如何做? ● 单元总结
大单元总结	2	主要是对单元的学习内容、科学术语做出总结
大单元习题	4	主要是以习题的形式对单元学习内容进行确认和巩固

续　表

内容题目	页数*	主要内容及教学活动
"大家一起来探究"俱乐部活动	2	主要是鼓励学生自己运用所学,探究自己发现的疑问,并按照科学探究过程要求进行自主探究
运动与能量的广阔世界	2	-介绍有关再生能源利用和能源有效利用等有关环境保护和未来可持续发展社会设计的思考 -"应用实验"专栏(把太阳能发电系统送到没有电的村庄)
共计	76	

注:＊为该内容占教科书的页数。

通过表4-6可以看出日本初中科学单元组成的特点。

一是大单元由大单元首页、大单元具体内容(各章内容)、大单元总结、大单元习题、"大家一起来探究"俱乐部活动,以及运动与能量的广阔世界六部分组成。

二是大单元中每个单元的各节内容都有实验,实验之间有关联。试试看、实验、探究实验等实验活动的层次是逐渐加深的。每个单元都有一个探究实验,注重以科学探究方式呈现。

三是注重大单元总结,还配有大单元习题和"大家一起来探究"活动,并把所学的内容运用与日常生活、社会进行关联。

四是通过单元学习前后对同一具体问题的思考,让学生总结自己通过单元学习所得的具体收获。

五是每个大单元都配有丰富的教学资源,例如,设有不同类别的专栏("深入实验""应用实验""防灾减灾实验""料理实验"等),通过这些专栏,能够让学生感受到学习科学的意义和实用性,更好地调动他们的学习热情和主动性,积极深入地投入学习,促进他们学习的内在动力,使他们能更自信地面对未来的挑战等。

以上初中科学大单元组成特点中的前四个与小学科学单元组成的四个特点整体一致,但是,初中的特点都要比小学的更加深入与广泛,这一特点通过初中科学单元组成特点中的第五个特点得到体现。

第二节　日本中小学科学教学活动与科学探究

一、科学教学活动

为了更好地说明日本中小学科学教学活动,本节以前一节中介绍的初中科学三年级教科书"运动与能量"大单元第二章"物体的运动"内容及小学、高中与其衔接内容相关的教学活动为例,详细说明日本中小学科学教学活动运用科学探究教学方法实施教学和落实课程标准要求的具体过程,并以该案例说明日本中小学科学教学活动的衔接与进阶的特点,以及科学内容的物理部分中"力与运动"主线呈现的特点。

(一)教科书中有关"物体的运动"的内容与教学活动

表 4-7 列出了日本中小学科学教科书中与"物体的运动"相关的章、节及其教学活动。

表 4-7　与"物体的运动"有关的章、节及教学活动[1]44-50[7]193-204[8]14-86

学段	章	节	教学活动
小学三年级	风和橡皮筋的力的作用	1. 风力的作用	活动 1:做一辆能够被风移动的小车 实验 1:风的强度与小车移动距离的关系
		2. 橡皮筋的力的作用	活动 2:做一辆能够被橡皮筋移动的小车 实验 2:橡皮筋的拉长长度与小车移动距离的关系
初中三年级	物体的运动	1. 运动的表示方式	实验技能:调查运动的方法 试试看 1:使用打点计时器调查走路快慢变化的实验
		2. 物体在水平面上的运动	实验 1:给小车持续施加一定的力时,小车的运动是怎样的? 试试看 2:小车没有受到力时的运动是怎样的?
		3. 物体在斜面上的运动	探究实验 1:小车在斜面上的运动

续 表

学段	章	节	教学活动
		4. 物体间的相互作用	试试看 3：调查力的相互作用的实验
高中物理基础	物体的运动	1. 速度	做做看 1：人的运动分析 做做看 2：匀速直线运动
		2. 加速度	探究 1：电车的速度的变化情况 做做看 3：下坡模型汽车的运动解析 做做看 4：匀加速直线运动
		3. 落体运动	实验 1：重力加速度的测定 做做看 5：平抛与自由落体
	力与运动	1. 力	做做看 1：橡皮筋的伸长与弹力
		2. 运动的规律性	做做看 2：惯性 做做看 3：三力的平衡 探究 2：给物体施加一定的力时的运动①（加速度的产生） 探究 3：给物体施加一定的力时的运动②（力与加速度的关系） 探究 4：给物体施加一定的力时的运动③（质量与加速度的关系）
		3. 各种各样的力与运动	做做看 4：静止摩擦系数的测定 做做看 5：浮力

通过表 4-7 可以看出，无论在哪个阶段，教学活动均包含不同层次的实验活动。例如，小学科学"风和橡皮筋的力的作用"单元中的教学活动有制作活动和实验活动，其中制作活动是为实验活动做准备的；初中科学"物体的运动"单元中的教学活动有试试看、实验、探究实验等三种不同层次的实验活动；高中科学"物体的运动"单元中的教学活动有做做看、实验、探究等三种不同层次的实验活动。上述分层也说明探究实验是比较高层次的教学活动，需要具备一定的基础知识和基本技能才可以进行。

下面以表 4-7 中的部分实验和探究活动为例，说明日本中小学科学运用科学探究方式展开教学活动的具体过程。

（二）与"物体的运动"内容有关的教学活动展开过程

与"物体的运动"内容有关的教学活动展开过程将以表 4-7 中的 6 个教

学活动为例进行具体说明。

☆教学活动1:小学三年级"风的强度与小车移动距离的关系"
展开过程:

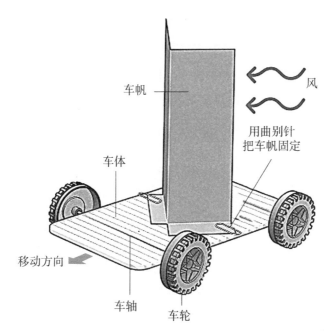

车帆

风

用曲别针
把车帆固定

车体

移动方向

车轴　车轮

图4-2　能够被风移动的小车[1]44

发现问题:

如图4-2,当对着小车上的风帆扇风时,小车就会动起来。如果用力改变扇子扇风的强度,小车的移动会发生变化吗?

问题:

改变风的强度,对物体移动的作用发生怎样的变化?

实验:风的强度和小车移动距离的关系

1. 给小车的风帆扇弱风时,测量小车移动的距离。

2. 给小车的风帆扇强风时,用与1同样的方法测量小车移动的距离。

结果:

表 4-8 实验结果记录表

风的强度	小车移动的距离
弱风	1 m84 cm
强风	6 m4 cm

结果分析:

从结果看,弱风和强风对于物体的移动来说,哪个作用更大呢? 比较一下各组的结果,不论哪组,结果都是一样的。各组的实验结果参见图 4-3。

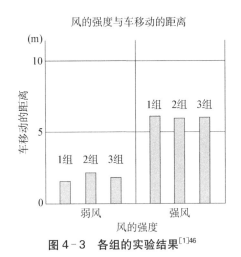

图 4-3 各组的实验结果[1]46

总结:

● 风的力量能够使物体产生移动。

● 风的强度越大,对物体产生移动的作用就越大。

☆教学活动 2:小学三年级"橡皮筋的拉长长度与小车移动距离的关系"

展开过程:

问题:

如图 4-4,改变橡皮筋的拉长长度,物体的移动发生怎样的变化?

假设:

橡皮筋的长度拉得越长,小车跑的距离就越远。

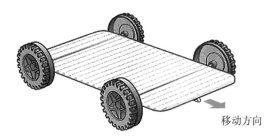

移动方向

图4-4　能够被橡皮筋移动的小车[1]48

因为橡皮筋拉得越长，手感就越强。

实验:橡皮筋的拉长长度和小车移动距离的关系

1. 把橡皮筋拉长至5 cm，测量小车移动的距离。

2. 把橡皮筋拉长至10 cm、15 cm时，用与1同样的方法进行测量。

橡皮筋的拉长长度与小车移动的距离	
月　　日	年　　班(姓名)

橡皮筋拉长的长度	小车移动的距离
5 cm	
10 cm	
15 cm	

结果:

橡皮筋的拉长长度与小车移动的距离	
7月7日	3年1班(小林)

橡皮筋拉长的长度	小车移动的距离
5 cm	4 m85 cm
10 cm	8 m47 cm
15 cm	12 m62cm

橡皮筋的长度拉得越长,小车移动的距离就越远。

结果分析:

橡皮筋拉得越长,对于物体的移动来说,能够说明或者知道什么?

从结果可以看出橡皮筋拉得越长,小车移动得越远。

总结:

● 橡皮筋的力量能够使物体产生移动。

● 橡皮筋拉得越长,对于物体产生移动的作用就越大。

☆教学活动3:初中三年级"给小车持续施加一定的力时,小车的运动是怎样的?"

展开过程:

课题:

给小车持续施加一定的力,小车的运动是怎样的?

方法:

如图4-5所示实验装置。

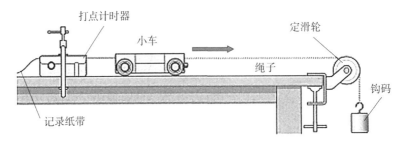

图4-5 实验装置[7]195

1. 把打点计时器固定在水平桌面上,把记录纸带穿过打点计时器之后连在小车一侧。

2. 用绳子吊上钩码,并绕过定滑轮,连接好小车,用手扶住小车让小车静止不动。

3. 打开打点计时器,放开手让小车运动,在小车运动到定滑轮之前,用手停止小车的运动。

4. 把钩码加重,进行同样的调查活动。

结果:把纸带每隔0.1秒剪断,将剪断的纸带从左侧的下端挨着贴好。

轻钩码的实验结果如图4-6,重钩码的实验结果如图4-7。

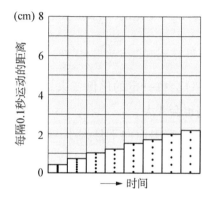

图4-6　轻钩码的实验结果[7]196

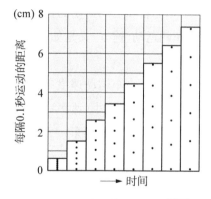

图4-7　重钩码的实验结果[7]196

结果分析:

1. 如果持续对小车施加一定的力,小车是如何运动的? 实验结果能够说明什么?

(小车运动的速率是按一定的比例增加。该结论可由图4-6的数据得出。)

2. 当小车所受拉力增大时,小车的运动发生了怎样的变化? 从哪里可以说明小车运动的变化情况?(钩码变重即是对小车的水平拉力变大,此时小车运动速率的变化也变大。该结论可由图4-7的数据得出。)

总结:力与物体运动之间的关系

1. 在物体运动的方向上对其持续施加一定大小的力时,运动的速率以一定的比例增加。

2. 同一物体,沿其运动的方向对其持续施加的力越大,运动速率增加的比例也越大。

探究的回顾:

从实验结果和分析,能够知道对小车持续施加一定的力时小车的运动情况吗?

☆教学活动4:初中三年级"小车在斜面上的运动"

展开过程:

课题:

小车在斜面上的运动的快慢(速率)是如何变化的? 斜面坡度发生改变时,小车的运动(速率)又是如何变化的?

假设:

在斜面上小车运动速度的大小(速率)会按一定的比例变大。另外,斜面坡度变大,速度大小(速率)的变化比例也会变大。

因为在斜面上的小车,一直受到一个沿着斜面向下且大小一定的力的作用。另外,斜面坡度变大,这个力就变大。

方法:

如图4-8所示实验装置。

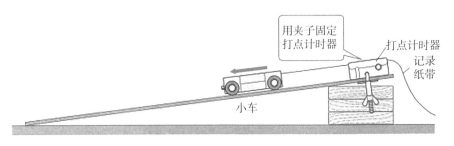

图4-8 实验装置[7]202

1. 制作斜面,测量斜面坡度。

2. 在斜面上端固定打点计时器。把与斜面长度相应的记录纸带穿过打点计时器的限位孔,把记录纸带的一端用胶带粘贴到小车上。

3. 把小车放在斜面的上端,在按下打点计时器开关的同时,放手小车,让小车运动。

4. 记录纸带的一端通过打点计时器的限位孔后立即关闭开关,让小车停止运动。

5. 改变斜面坡度,重复 1—4 步骤,进行测量。

结果:

把测定后的纸带,按照 0.1 秒的记录间隔进行剪切,从左到右并靠齐下端粘贴在一起。

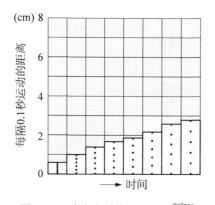

图 4-9　坡度小时的实验结果[7]204　　图 4-10　坡度大时的实验结果[7]204

结果分析:

1. 从斜面上向下滑动的小车的运动是怎样的? 依据实验结果能够说明什么?

2. 对从斜面上向下滑动的小车的运动产生作用的力是怎样的?

3. 当斜面坡度发生改变时,小车的运动是如何变化的? 对小车运动产生作用的力又是怎样的?

总结:

1. 沿斜面下滑的小车,其速度的大小(速率)以一定的比例增加。

2. 不论小车在斜面的哪里,小车一直受到与斜面平行且向下的大小不变的力的作用。

3. 当斜面坡度变大时,小车速度的大小(速率)的变化比例也变大。

4. 当斜面坡度变大时,小车受到的与斜面平行且向下的力也变大。

探究的回顾:

1. 假设解决课题了吗? 计划对假设进行验证了吗?

2. 从实验结果分析得出的结论,能够证明假设是否成立吗?

3. 还有什么疑问? 还想知道什么? 有发现新的课题吗?

☆**教学活动5:高中物理基础"给物体施加一定的力时的运动①(加速度的产生)"**

展开过程:

课题:

调查给物体施加一定的力时物体的运动情况。

准备:

小车、橡皮绳、尺子、打点计时器、记录纸带。

方法:

如图 4-11 所示,用一根橡皮绳保持一定的伸长长度拉小车。将此时小车的运动情况用打点计时器记录下来。

图 4-11   实验装置[8]63

处理:

分析记录纸带上的记录,计算出小车的速度,并画 v-t 图。

分析:

根据 v-t 图,说明持续地给物体施加一定的力时物体的运动是怎样的。在小组进行交流。

结果：

根据记录纸带上的数据画出的 v-t 图内容是具有一定倾斜度的直线。

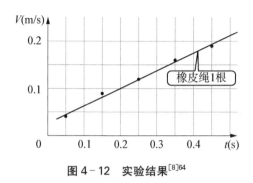

图 4 - 12　实验结果[8]64

总结：

给在直线上运动的物体持续施加与物体的运动方向一致的一定大小的力时，物体在施加力的方向上产生一定的加速度，做匀加速直线运动。

☆教学活动 6：高中物理基础"给物体施加一定的力时的运动②（力与加速度的关系）"

展开过程：

课题：

调查小车受到的力与其产生加速度的关系。

准备：

小车、橡皮绳（4 根）、尺子、打点计时器、记录纸带。

方法：

如图 4 - 11 所示的实验装置，小车的质量和橡皮绳的伸长是一定的，改变橡皮绳的根数为 2 根、3 根、4 根，即将对小车的拉力变为 2 倍、3 倍、4 倍。由此调查小车在不同拉力情况下的加速度。

分析：

纵轴为加速度 a、横轴为对小车的拉力 F，绘制 a - F 图，调查力与加速度的关系。

结果：

通过对打点计时器的纸带记录的数据,计算出的速度,具体如表4-9。

表4-9　力的大小改变时的小车的运动情况[8]65

时刻 t(s)	橡皮绳1根		橡皮绳2根		橡皮绳3根		橡皮绳4根	
	间隔 Δx(cm)	速度 v(m/s)	间隔 Δx(cm)	速度 v(m/s)	间隔 Δx(cm)	速度 v(m/s)	间隔 Δx(cm)	速度 v(m/s)
0								
0.1	0.4	0.04	0.9	0.09	1.2	0.12	1.4	0.14
0.2	0.9	0.09	1.8	0.18	2.3	0.23	3.1	0.31
0.3	1.2	0.12	2.6	0.26	4.0	0.40	5.4	0.54
0.4	1.6	0.16	3.8	0.38	5.2	0.52	6.9	0.69
0.5	1.9	0.19	4.5	0.45	7.0	0.70	9.5	0.95

分析：

根据表4-9的数据可以画出 v-t 图,如图4-13所示。根据图4-13,可以计算出小车的加速度,可以画出 a-F 图,如图4-14所示。

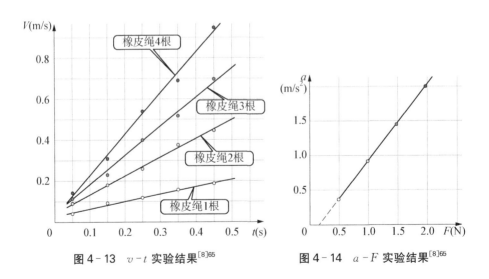

图4-13　v-t 实验结果[8]65　　　　图4-14　a-F 实验结果[8]65

结论：

小车的质量一定时，小车产生的加速度大小 a 与施加给小车的拉力大小 F 成正比关系。

二、科学教学活动的设计特点

通过上述对与"物体的运动"内容有关的日本中小学科学教学活动具体展开过程的说明，可总结出日本中小学科学教学活动具有以下几个特点。

（一）教学活动设计强调科学探究的运用

日本中小学科学教学活动的设计"忠实"地落实了相关科学课程标准。日本中小学科学课程中，不论是目标、内容，还是教学方法，都明确了对科学探究的强调与重视。因此，在教学活动设计中也强调科学探究的运用，并能很好地体现运用科学探究方式进行教学的特点，这一特点又反过来证明了日本科学课程标准对课程实施具有很强的指导作用。其能确保小初高各阶段的科学探究教学方法在课题的发现、课题的探究、课题的解决三大方面的高度一致。虽然，有关课题的发现、课题的确定、假设的设定、预测结果、验证假设的实施方案的制定、对观察实验结果的分析、结论的得出、表达交流及对探究的回顾等各环节并不一定总是全部呈现在某个阶段的探究活动过程中，但是，就整体而言，日本中小学科学课程能够确保在统一的模式内进行探究活动，扎实、有效、高质量地落实课程标准对科学探究要求。这使得使课程设计与课程实施保持一致，非常有利于确保一定的教学水准和教学质量。

（二）创设适合科学探究的学习情境

这里的"适合科学探究"，是指能够让学生产生用于科学探究的"真实"问题，且此问题可通过科学探究活动得到解决。

在科学探究教学活动中，学生是有目的地进行探究活动。创设真实情境，有利于让学生有探究的问题意识，进而发现问题并提出可探究的"真实"问题。在提出问题的同时，学生还应能为解决此问题而进行有依据的假设，且考虑此假设能够被观察、实验进行检验。也就是说，学生能通过科学探究活动，在检验假设的同时解决这个"真实"问题。[13]

（三）教学活动的过程可视化了学生的学习过程

日本中小学科学教学活动的过程在体现科学探究过程的同时，可视化了学生的学习过程。在相关教学活动的探究过程中，由学生确定探究课题、作出假设、进行预测、验证假设的实施方案的制定，以及进行对观察、实验结果的分析和总结，对探究的回顾等环节，很好地可视化了学生在确定课题、解决课题过程中的思考过程，可视化了学生自己悟出结论，自己建构科学概念，拥有自己看待自然事象的看法和想法，以及自己形成问题解决方法和信心的学习过程。

（四）教学活动的结果体现了学生的获得和发展进步

日本中小学科学教学活动的步骤清晰、可操作强，确保学生能够完成探究过程的具体操作，并且能够根据自己的操作结果进行思考和分析，进而得出自己明白的结果。通过表达交流、探究回顾及单元学习前后的思考问题等活动，学生能够对自己得出的结果进行反思并做出改进。最终，在科学教学活动的结果中能够清晰地呈现学生的获得过程，使学生实际感受到自己的发展进步。同时，也为单元学习的过程评价提供了素材和证据。

（五）教学活动结果与过程具有一致性，结论的得出体现实证性

日本中小学科学教学活动的结果，对科学概念的得出，都是学生在亲自动手操作观察、实验等活动的基础上，通过基于实证的结果分析而得出的结论。教学活动的过程与结果具有一致性，并且结论的得出体现了实证性的特点。[12]这一结论与国际教育成就评价协会进行的第三次国际科学教育调查第二阶段追踪调查（TIMSS1999）科学录像课研究报告对日本科学课堂教学的特点总结是一致的。即日本科学课堂教学的特点是为了得出概念或结论，对收集到的数据进行解释，通过探究活动，运用归纳方法把概念和证据联系起来，建构（物理和化学方面的）主要概念。日本的科学课堂教学，重视概念与证据的关系和数据的固定模式，以及概念的一贯性。学生个别的观察实验活动，主要是为了归纳出核心概念或结论。在活动之前，通常情况是提出在探究活动中遇到的疑问，有时也要求进行假设。在观察实验活动的过程中，学生在教师的指导和教科书的要求下，利用图表等形式对数据进行整理和处理，然后对数据进行解释。在活动之后进行讨论，这通常是讨论得

出的结论,这个结论与本课要学习的概念应有很强的关联。日本的科学课堂不是给出科学概念,特别是相关概念的难度和理论性都不是很高。但是,日本科学课堂的所有概念都是利用数据或现象而得出的。事实和主要概念都是由多个数据、现象为证据而得到的。因此,日本科学课堂中通过抽象推导得出的概念很少。每个概念的得出都是由获得多个证据而获得。[14][15]

日本中小学科学教学活动的过程与结果的一致性、实证性特点非常利于学生基于证据得出结论,形成实证意识,从而使自己的想法更具有可验证性和可信性,也有利于学生形成并拥有自己的看法、想法。

(六) 教学活动体现了各阶段的一致、衔接与进阶

日本中小学科学教学活动在内容、科学探究教学方法和能力培养上体现了各阶段的一致、衔接与进阶。

1. 内容上的体现。

日本小学科学"风和橡皮筋的力的作用"单元、初中科学"物体的运动"单元和高中科学"物体的运动""力与运动"单元涉及的都是有关力与物体运动的内容。小学的教学活动,是让学生理解力能够使物体产生运动,力越大则物体运动得就越远,并从探究过程中建构距离的概念;初中的教学活动,是让学生理解力能够使物体产生运动,力越大则物体运动得就越快,并从探究过程中建构速率的概念;高中的教学活动,是让学生理解力是使物体产生加速度的原因,并且力越大加速度就越大,物体的质量越大加速度就越小,进而建构运动的规律性,即牛顿第二运动定律(以上论断均有"同等条件下"前提)。由此,可以体现日本中小学科学教学活动设计在内容上一致且进阶的特点。

2. 科学探究教学方法上的体现。

在小初高各阶段的单元教学活动中,通常后一个活动要比前一个活动更有难度,例如,初中科学"物体的运动"单元中的后一个实验活动"探究实验1:小车在斜面上的运动"要比前一个实验活动"实验1:给小车持续施加一定的力时,小车的运动是怎样的?"更难,这体现了教学方法的进阶。再如,在各阶段的教学活动过程中都有"分析",都涉及了有关力与物体运动的关系的内容,并且,对距离、速率、速度和加速度的科学概念非常清晰地设计分配在小学、初中和高中阶段完成,同时探究实验活动的情境设置基本一致,这使得学生能够在熟悉的情境中不断深入学习,从而更好地理解科学探究过程的各环节。

3. 能力培养上的体现。

日本科学课程在小初高各阶段对科学探究能力的培养原则是一致的,但是,根据各阶段学生的认知发展特点和科学概念知识难度的不同,在科学探究能力的培养侧重点上各阶段有所不同。例如,小学会更重视相对容易、基础的能力培养,高中会侧重更有深度和相对复杂的能力培养,总之,前期经验的积累都是为了在培养学生主动解决未来问题的能力上发挥作用。

第三节　日本中小学科学教学环境与科学探究

一、完备的实验设施

日本政府非常重视科学教育,早在 1953 年就颁布了《理科教育振兴法》,其间经过了多次修订,最终的一次修订是在 2016 年,《理科教育振兴法》共三章 11 条。其中部分内容简译如下。

第一章　总则

第 1 条　目的

鉴于理科教育在文化国家建设的基础上具有特别重要的使命,根据教育基本法和学校教育法的精神,通过科学教育,使(教育对象)掌握科学知识、技能和态度,同时培养其创新能力,目的是振兴理科教育,培养合理经营日常生活,能为国家发展做出贡献的有为国民。

第 2 条　定义

本法律中的"理科教育"是指小学、初中和高中的科学、算数和数学教育。

第 3 条　国家的任务

国家鼓励依照本法的规定和其他法律法规,建立及努力促进科学教育的地方团体。

1. 建立综合的有关振兴理科教育的计划。

2. 谋求改善有关理科教育内容和方法。

3. 成立或充实有关理科教育的设施与设备。

4. 建立并实施从事理科教育的教师或指导者的在职培训及教育计划。

第二章　删除

删除第 4 条至第 8 条。

第三章　国家补助

第 9 条　国家补助金

国家对公立和私立的小学、初中、高中学校,以及对理科教育教师或指导者提供在职培训的大学,提供理科教育专用设备的设置补助金等。

第 10 条　补助金的返还

发生下列情况时要返还本年度的补助金。

1. 违反本法律或根据本法律制定的政令的情况;

2. 违反补助条件的情况;

3. 运用虚假的方法获得补助金的情况。

第 11 条　政令的委任

需要在前述二条规定之外的其他补助金时,由政府行政指令指定。

另外,还有《理科教育振兴法实行令》,明确了对中小学实验器材的具体配备标准及科学教育设备的基本细目等。[16][17]

日本的《理科教育振兴法》等法律法规确保日本中小学科学的实验设施具有一个全国统一的基本标准,并在整体上达到了较为完备的设施水平,从而为中小学科学教学的实验教学提供了必要的物质保障。

二、有利于开展科学探究教学的教学环境

科学教育始于儿童亲近自然[18],科学是以自然的事物和现象为学习对象的一门学科。[19][10]20 科学教育的最大特点是要让学生亲近自然、观察自然,并从中发现科学问题,再通过实验探究解决问题,从而认识自然世界。所以,在学校科学教育过程中也非常重视进行观察和实验等活动,而且相关实验器材可以通过国家政策得到充分的保障。特别是在日本的小学里,除了配有科学实验室之外,还有植物园、动物舍等。同时还要求中小学生进行野外考察活动等,以确保科学课程标准中要求的观察、实验、饲养、栽培和野

外考察等活动的有效落实。学校图书馆内也有很多科学方面的书籍,方便学生自己查找学习资料。日本中小学的科学教学环境确保了观察、实验教学活动的进行,非常有利于科学探究教学活动的顺利开展。

三、有利于科学探究的教科书

日本中小学科学教科书中丰富的教学资源为高质量的科学探究教学提供了保障。

(一) 序言部分的相关说明

日本最新科学课程标准强调进行科学探究,科学教科书中的教学活动也重视运用科学探究方式进行,因此,在小初高各阶段科学教科书的序言部分均对科学探究进行了非常具体和细致的相关说明,以确保能够开展规范、科学、连续的科学探究活动。

1. 小学教科书序言的相关说明。

日本小学科学教科书在序言部分对科学探究的过程给出了大致的流程及说明。具体参见表 4 - 10。

表 4 - 10　小学科学教科书序言对科学探究的说明[1]~[4]4-5

探究部分	探究过程	对探究过程的说明
发现	发现不可思议的事情	从身边的或学过的东西中发现"不可思议"。
调查	1. 发现问题	交流发现的"不可思议"。
	2. 确定问题	总结"不可思议",确定要调查的问题。
	3. 预想与计划	总结自己关于问题的想法,思考调查方法。
	4. 观察、实验	基于问题展开调查。
	5. 结果	对调查结果以容易理解的方式进行记录。
	6. 从结果中思考	思考从结果中能够明白什么,并能与预想进行比较。
	7. 总结	利用文字、图表的形式,总结明白了什么。
	8. 还想知道	从明白了的东西中发现新的"不可思议"。
回顾	确认明白了的东西,并能够与身边的事情联系起来	对于没有弄明白的东西,再次进行学习和确认。再一次进行思考。

日本小学科学教科书不仅对科学探究作出了表 4-10 所示的说明,还明确了小学各年级开展科学探究活动时的侧重点。例如,三年级的侧重点是通过关注自然,比较其相同的地方和不同的地方,发现"不可思议"。四年级的侧重点是通过亲近自然,把学过的或身边的东西联系起来进行思考。五年级的侧重点是通过了解自然,注意观察和实验的条件,制订观察和实验计划。六年级的侧重点是通过与自然共存,从多种视角进行调查,思考能够说明什么。从上述这些侧重点里也可以看出小学科学各年级探究活动的进阶特点。

2. 初中教科书序言的相关说明。

日本初中科学教科书序言部分对科学探究过程的相关说明参见表 4-11。

表 4-11　初中科学教科书序言对探究过程的说明[5]~[7]序4

探究部分	探究过程	对探究过程的说明
课题的发现	1. 疑问	从身边的自然现象或日常生活中发现你的疑问。
	2. 课题	从你发现的各种疑问中确定要通过探究解决的课题。
课题的探究	3. 假设	根据以往的经历或学过的知识,自己对探究的课题作出假设,并明确假设的理由。
	4. 计划	为了验证作出的假设,制订进行观察、实验方法的具体计划,并对其结果作出预测。
	5. 观察、实验	根据计划进行观察、实验,并正确地记录观察、实验的条件和结果。
	6. 结果	对观察、实验结果进行整理。根据需要可以制作表、图等,以让人容易理解的方式做出简要总结。
课题的解决	7. 结论	研究从结果中能够明白什么,从与假设和预测的比较中能够明白什么,并进行有根据的分析。
	8. 表达	总结探究的结果,通过书写报告或口头汇报的形式进行表达。

3. 高中教科书序言的相关说明

日本高中物理基础教科书序言部分对科学探究过程的具体步骤作出了非常清晰的说明,具体参见图 4-15。高中在开展科学探究活动之后,要求撰写研究报告书,报告书撰写的具体要求参见图 4-16,具体事例参见图 4-17。从小初高各阶段教科书对科学探究的相关说明以及高中教科书对报告书的撰写要求中,也能体现各阶段间明显的进阶特点。

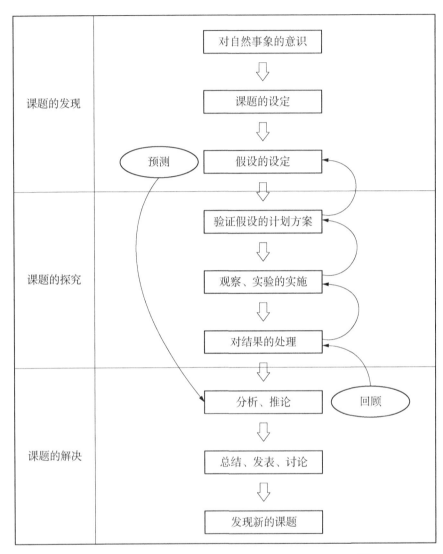

图 4-15　高中物理基础教科书对科学探究过程的说明[8]8

(二) 教科书对探究活动的实施要求及实例

日本中小学科学教科书不仅对科学探究过程进行了细致说明,还对科学探究活动的实施要求作出了具体说明,并且还对探究结果的呈现提供了具体实例。这非常有利于教师规范开展科学探究教学活动,同时对科学探究理念在课堂上扎实、有效的落实和传递发挥着重要作用。例如,高中物理基础教科书对学生进行科学探究活动后应撰写的研究报告书提出了非常具体的要求,这有利于学生在按照要求进行规范实验的过程中明确自己要做什么,还有利于学生在操作实验的同时思考如何做得更好,能从中明白什么,以及如何对他人进行说明等问题。学生规范完成有一定水准的研究报告书,能从中获得仅靠读书学不到的经验,对培养学生能力、态度和素养很有帮助。有关高中学生研究报告书的撰写要求参见图 4-16,具体实例参见图 4-17。总之,日本中小学科学教科书不仅提出了探究活动的相关实施要

　　研究报告的撰写,不仅要求内容正确,还要求让人容易理解,以及考虑尽可能简洁地做出总结。注意以下各点的具体要求。

担当者信息

对实验实施时间、当天气象条件、共同实验者进行说明。

课题

对调查什么进行说明。

假设

对设定课题作出的假设进行说明。

准备

对实验时使用的器材等进行说明。

方法

绘制或使用照片呈现实验装置图,对实验的具体步骤进行说明。

结果

利用表或图对实验获得的数据进行总结。

分析

对结果进行分析,确认设定的假说是否正确等,做出总结。

感想

对通过实验感受到的或新发现的疑问,以及实验的可改善点等进行说明。

图 4-16　研究报告书的撰写要求[8]10

"沿斜面下滑物体的速度"研究报告书

报告者:1 年 3 班　内山友希

共同实验者:1 年 3 班　山本雄　松田缘

实验实施日:2021 年 4 月 16 日(五)

1. 课题

在曲线状的轨道上,从高度为 h 处物体运动时,到达最低点时的物体的速度 v 与高度 h 之间的关系是什么,进行调查。

2. 假设

根据机械能守恒定律,速度 v 的平方 v^2 与高度 h 成正比。

3. 准备

180 cm 长的塑料轨道,180 cm 长的方木块,厚度为 1.0 cm 的模板 4 块,直径为 2.0 cm 的钢球,1 m 长的尺子,秒表,螺丝钉。

4. 方法

(1) 实验装置

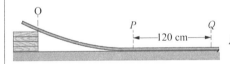

(2) 实验步骤

① 钢球在 O 点处静止放开,利用秒表测量钢球通过 PQ 之间的时间,进行 3 次。

② 计算时间的平均值,及速度 v。

速度 $v = PQ \div$ 时间 t

③ 最初测量时的高度是 4 块木板,然后测量高度为 3 块、2 块木板时高度 h 的变化进行实验的数值。

5. 结果

实验结果如下表所示,根据此结果绘制 $v - h$ 图和 $v^2 - h$ 图。

高度 h〔cm〕	通过 PR 之间(120.00 cm) 的时间 t〔s〕				速度 v〔cm /s〕	速度的平方 v^2〔cm² /s²〕
	第一次	第二次	第三次	平均		
1.00	3.94	3.91	3.93	3.93	30.6	9.34×10^2
2.00	2.64	2.63	2.57	2.61	45.9	2.11×10^3
3.00	2.13	2.06	2.09	2.09	57.3	3.29×10^3
4.00	1.83	1.72	1.77	1.77	67.7	4.58×10^3

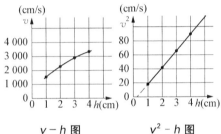

$v - h$ 图　　　　$v^2 - h$ 图

$v^2 - h$ 图成直线,但是,没有通过原点。图的倾斜角度为

$$a = \frac{4.6 \times 10^3 \ \text{cm}^2/\text{s}^2 - 9.3 \times 10^2 \ \text{cm}^2/\text{s}^2}{4.0 \ \text{cm} - 1.0 \ \text{cm}}$$

$$\doteqdot 1.2 \times 10^3 \ \text{cm/s}^2 = 12 \ \text{m/s}^2$$

6. 分析

如果势能全都是由动能转化的,用 $v^2 = 2gh$ 进行表示,直线的倾斜度就是 $2g$。实际图的直线倾斜角度是小于 $2g$ 的,所以,能量是有所损失的。

7. 感想

$v^2 - h$ 图中的直线没有通过原点的原因可能是有摩擦等。我想改变轨道的长度等继续探究。

图 4-17　研究报告书实例[8]10

求,而且给出了具体实例,这有利于教师规范开展科学探究教学活动,确保教学质量,也有利于学生更好地学习相关内容,提高学习效果。

第四节　思考与启示

通过对日本中小学科学教科书的教学单元构成及相关教学活动的研究,结合我国实际,对我国中小学科学教学单元及教学活动设计等方面提出如下思考与建议,供教育同仁研讨。

一、关于科学教学单元

在国家课程层面完成科学教学单元的设计和构建,有利于教师在课程实施层面上下功夫,进而开展有效的科学探究教学活动。

在课程设计层面完成单元的建构,有利于确保课程精准、高效地得到落实。日本中小学科学课程以单元形式呈现,其教学单元的建构原则上是由国家课程设计者完成,这非常有利于高质量的教材编写以及确保一线教师将主要精力集中到教学单元的实施及教学活动的设计方面,可促进教师更好地关注学生学习,开展有效的科学探究活动,进而提高学生的学习效果。这一点值得我们参考与借鉴,特别是对解决当前我国中小学科学教师在科学教学改革中的教学单元建构困惑具有参考借鉴价值。

二、关于科学教学活动设计

设计符合学生认知发展特点,方便学生理解与建构科学概念的科学教学活动,有利于通过学生的自主探究活动,培养他们的科学思维和科学探究能力。

课堂教学活动是国家课程实施与落实的关键,教学活动的设计理念和可操作性是影响教学效果和质量的重要因素。特别是在科学教学中,能够突出科学学科特色的科学探究教学活动的设计尤为重要。科学探究教学活动要围绕如何体现科学探究的过程,是否有利于学生自主探究,探究结果是否方便学生理解与建构科学概念,是否与要培养的科学探究能力一致等问题进行设计。日本科学教科书对教学活动的问题、方法、结果、结果分析、结论等进行了清晰的呈现,这有利于对学生科学思维和探究能力的培养。

三、关于教科书资源

提供丰富的有利于开展科学探究活动的教科书资源,有利于让学生体验高质量的科学探究活动,培养其独立思考能力及创新意识和能力。知识和技能是可以通过反复训练获得的,但是,运用知识和技能解决问题的科学探究能力不太可能像知识和技能那么简单地通过反复训练得到掌握,它是在教师指导下,在有计划、有目标地探究解决问题的过程中逐渐培养和发展起来的特殊能力;是学生在深入学习之中,在独立思考的活动体验之中,通过点滴的收获和进步,循序渐进地积累发展起来的高级思维能力。日本科学教科书中对科学探究过程的具体说明和要求,以及成功案例的详细呈现等值得我们参考与借鉴。因此,建议提供更丰富的有利于开展科学探究活动的教科书资源,这有利于学生通过体验高质量科学探究活动来培养独立思考能力及创新意识和能力。

引用文献

[1] (日)石浦章一,鎌田正裕,等.わくわく理科3[M].東京:株式会社振興出版社啓林館,2023.

[2] (日)石浦章一,鎌田正裕,等.わくわく理科4[M].東京:株式会社振興出版社啓林館,2023.

[3] (日)石浦章一,鎌田正裕,等.わくわく理科5[M].東京:株式会社振興出版社啓林館,2023.

[4] (日)石浦章一,鎌田正裕,等.わくわく理科6[M].東京:株式会社振興出版社啓林館,2023.

[5] (日)大矢禎一,鎌田正裕,等.未来へひろがるサイエンス1[M].東京:株式会社振興出版社啓林館,2023.

[6] (日)大矢禎一,鎌田正裕,等.未来へひろがるサイエンス2[M].東京:株式会社振興出版社啓林館,2023.

[7] (日)大矢禎一,鎌田正裕,等.未来へひろがるサイエンス3[M].東京:株式会社振興出版社啓林館,2023.

[8] (日)植松恒夫,酒井啓司,下田正,等.高等学校物理基礎[M].東京:株式会社振興出版社啓林館,2022.

[9] (日)植松恒夫,酒井啓司,下田正,等.高等学校物理[M].東京:株式会社振興出版

社啓林館,2022.

［10］（日）文部科学省.高等学校学習指導要領解説理科編理数編［M］.東京:実教出版株
式会社,2018.

［11］孟令红.日本小学科学课程的一体化教学特征及改革的系统性［J］.外国中小学教
育,2009(2):52-56+62.

［12］孟令红.日本小学科学教科书的特点——以日本教育出版株式会社小学科学教科书
为例［J］.湖北教育·科学课,2020(3):80-82.

［13］孟令红.日本探究式科学教学的特点及其对我国的启示［J］.当代教育科学,2009
(12):53-56.

［14］孟令红.日本、美国、澳大利亚、荷兰和捷克科学课堂教学特点——来自 TIMSS1999
科学录像课研究报告［J］.上海教育科研,2010(2):58-62.

［15］（日）日本国立教育政策研究所.TIMSS1999 科学录像课研究报告［EB/OL］.［2024-
04-20］.http://www.nier.go.jp/ogura/TIMSSVS2.pdf.

［16］（日）理科教育振興法［EB/OL］.［2024-04-20］.https://elaws.e-gov.go.jp/
document?lawid=328AC1000000186.

［17］孟令红.日本小学科学教育研究［M］.长春:长春出版社,2017:146-147.

［18］（日）文部科学省.小学校学習指導要領解説理科編［M］.東京:株式会社東洋館出版
社,2017:12.

［19］（日）文部科学省.中学校学習指導要領解説理科編［M］.東京:学校図書株式会社,
2017:23.

第五章 日本中小学科学评价中的科学探究

　　日本中小学科学评价包括国家统一过程评价和结果评价。日本国家统一过程评价是指小学和初中 2017 年版科学课程标准和高中 2018 年版科学课程标准颁布之后,在相应实施年份之前出台的科学课程评价标准(即「指導と評価の一体化」のための学習評価に関する参考資料")。日本国家统一结果评价是以最近一期(2022 年)日本全国义务教育质量监测(即日本"全国学力、学习状况调查")小学科学、初中科学为例进行说明。本章说明日本中小学科学评价在科学教学改进和教学质量提升方面发挥的作用,并思考我国中小学科学教育教学评价可由此获得的启示。

第一节　日本中小学科学的过程评价与科学探究

一、科学课程标准历次修订中评价方面的变化

　　日本中小学科学评价根据相应科学课程标准制定,并随其修订而进行调整。下面以日本小学科学课程标准历次修订中评价方面的变化为例进行说明,详情参见表 5-1。

表 5-1　小学科学课程标准评价方面的变化[1]~[3]

时间(年)	评价方面	评价方面的要旨
1958	实验、观察的技能	具有实证的态度,设计实验、观察,能够有目的地使用必要的实验观察器材,能够正确地处理实验结果。
	知识·理解	理解与生活有关的自然科学的事实和基本原理,并掌握相关的知识。

续　表

时间(年)	评价方面	评价方面的要旨
	对自然的爱护	考虑自然与人类生活之间的关系,要爱护自然。
1968	知识・理解	认识自然事物和现象,理解基本的自然科学的概念、原理及法则,掌握相关的知识。
	观察、实验的技能	具有探究的态度,观察自然事物和现象,设计实验,有目的地使用必要的实验器材,能够正确地处理实验结果。
	科学的思考	关心自然事物和现象,并从中发现问题,思考其因果关系,进行定性、定量地考察,有逻辑地、客观地、理性地认识自然事物和现象。
1977	知识・理解	理解自然事物和现象的特点,以及它们之间的相互关系、规律性,掌握基础知识。
	观察、实验的技能	观察自然事物和现象,设计、实施实验,能够有目的地使用实验器材。
	科学的思考	从自然事物和现象中发现问题,比较事物和现象,思考它们之间的相互关系,分析处理观察、实验得到的结果,有逻辑地、客观地、理性地认识自然事物和现象。
	对自然的关心・态度	对自然事物和现象的关心,积极地进行调查自然的活动,爱护自然。
1989	对自然事物・现象的关心・热情・态度	亲近自然,积极地进行调查自然事物和现象的活动,热爱自然,并能够运用到生活中去。
	科学的思考	从自然事物和现象中发现问题,比较事物和现象,思考它们之间的相互关系,分析处理观察、实验得到的结果,有逻辑地、客观地、理性地认识自然事物和现象,解决问题。
	观察、实验的技能・表达	观察自然事物和现象,设计、实施实验,能够有目的地使用实验器材,并能准确地表达实验的过程和结果。
	关于自然事物和现象的知识・理解	理解自然事物和现象的特点,以及它们之间的相互关系、规律性等。
1998	对自然事物和现象的关心・热情・态度	亲近自然,积极地进行调查自然事物和现象的活动,热爱自然,并能够运用到生活中去。
	科学的思考	从自然事物和现象中发现问题,有目的地进行比较、寻找关联、控制条件,进行多方面的探究、调查,研究、分析结果,科学地认识自然事物和现象,解决问题。

续 表

时间(年)	评价方面	评价方面的要旨
	观察、实验的技能·表达	观察自然事物和现象,有计划地进行观察、实验等,有目的地选择、使用实验器材,并把过程和结果准确地表达出来。
	关于自然事物和现象的知识·理解	能够理解自然事物和现象的性质、规律及其相互之间的关系等,并能够对自然事物和现象持有一定的看法、想法。
2008	对自然事物和现象的关心·热情·态度	亲近自然,积极地进行调查自然事物和现象的活动,热爱自然,并能够运用到生活中去。
	科学的思考·表达	从自然事物和现象中发现问题,有目的地进行比较、寻找关联、控制条件,带着假设进行调查,分析调查的结果,进行表达,解决问题。
	观察、实验的技能	观察自然事物和现象,有计划地进行实验,有目的地选择、使用实验器材,并把过程和结果准确地记录下来。
	关于自然事物和现象的知识·理解	对自然事物和现象的性质、规律及其相互之间的关系等有基于真实体验的理解。
2017	知识·技能	在了解自然事物和现象的性质和规律的同时,根据目的选择适当的器材,进行观察、实验等,适当地记录观察、实验的过程和结果。
	思考·判断·表达	从自然事物和现象中发现问题,有预测地进行观察、实验等,根据得到的结果进行分析,表达是如何解决问题的。
	主动学习的态度	深入参与与自然事物和现象相关的活动,坚持且有韧性,在与他人合作解决问题的同时,也想把学到的东西运用到学习和生活中。

将小学科学课程标准历次修订中评价方面的变化(参见表 5-1)与课程目标方面的变化(参见表 2-1)进行对比,可以看出评价与目标表述一致性的变化过程。例如,1958 年版课标的目标表述与评价方面是一致的,都提到了知识、技能和态度三个方面。1968 年版课标的目标表述是知识、态度、能力和思考四个方面,但是评价只提及知识、能力和思考三个方面。1977 年版课标的目标表述有知识、能力和态度三个方面,但是评价提及知识、能力、态度和思考四个方面。1989 年版、1998 年版和 2008 年版课标的目标表述与评价都提到了知识、能力、态度和思考四个方面。2017 年版课标的目标表述与

评价都提到了知识与技能、能力、态度三个方面。

而从评价方面的层次深度来看,其在历次修订中也是有所加深的。例如在知识方面的评价层次上,不仅要求记忆,更重要的是要求理解,而且是要求有基于真实体验的深刻理解。在技能方面的评价层次上,不仅要进行观察、实验的操作,而且此类操作要带有目的性,要根据目的进行实验器材选择,以及对过程和结果进行准确记录。在态度方面的评价层次上,不仅要有对自然的热爱和爱护,还要有热情,并能坚持且有韧性,积极地运用在生活中。在思考方面的评价层次上,是从思考其因果关系,进行定性、定量地考察,有逻辑地、客观地、理性地认识自然事物和现象,到最终要集中到解决问题上来,同时要求拥有自己的看法、想法。总之,各方面的评价层次均随着课程标准的历次修订而逐渐加深。[4]

日本中小学科学评价除了上述所说的在评价方面的变化之外,在2008年课程标准修订时,还初次出台了与课程标准对应的评价标准(从课程总目标、具体目标、单元内容三方面制定了对应的评价标准)。2017年课程标准修订时,又对评价标准进行了进一步的修改,特别是加强了对学生学习过程具体指导方面的内容。根据2008年版课标确定的评价标准名为《为了评价标准制定、评价方法改善的参考资料》(即"評価基準の作成、評価の方法など工夫改善のための参考資料"),而根据2017年版课标确定的评价标准名为《为了"指导与评价一体化"的学习评价相关参考资料》(即「指導と評価の一体化」のための学習評価に関する参考資料")。由此可以看出2017年版文件对学生学习过程评价的注重,此版文件同时给出了有关单元教学过程评价的具体案例,这对教师的教学指导和学生的学习具有非常强的指导作用。

总之,在日本中小学科学课程标准的历次修订中,有关科学课程目标的表述与评价方面逐渐趋于一致,并且对教师教学指导和学生学习评价日益发挥着重要的指导作用,这既有利于课程标准在实施层面上的可操作,也有利于促进课程目标的有效达成和课程标准的准确落实。

二、过程评价

日本中小学科学过程评价的评价标准是根据课程目标"知识·技能"

"思考·判断·表达"和"主动学习的态度"三方面分别对目标和内容作出评价。目标评价分对课程总目标和具体目标的评价,内容评价分对大单元内容和大单元下的每个单元的评价。评价标准是以单元为单位设定的,日本中小学科学过程评价的评价标准(以初中科学"运动与能量"大单元及其中的"运动的规律性"单元为例)具体参见表5-2。

表5-2 初中科学课程评价标准[5]28,99,101,108

		知识·技能	思考·判断·表达	主动学习的态度
目标评价	总目标评价标准	在理解自然事物和现象的基本概念、原理、定律等的同时,掌握进行科学探究所必需的观察、实验等基本操作和记录等基本技能。	从自然事物和现象中发现问题,有预测地进行观察、实验等,对得到的结果进行分析、解释、表达等,进行科学探究。	深入参与与自然事物和现象相关的活动,有预测、有回顾地进行科学探究。
	具体目标评价标准(以第一领域目标为例)	在理解有关物质与能量的事物和现象的基本概念、原理、定律等的同时,掌握进行科学探究所必需的观察、实验等基本操作和记录等基本技能。	从有关物质与能量的事物和现象中发现问题,有预测地进行观察、实验等,对得到的结果进行分析、解释、表达等,进行科学探究。	深入参与与物质与能量有关的事物和现象相关的活动,有预测、有回顾地进行科学探究。
内容评价	大单元评价标准(以"运动与能量"大单元为例)	将物体的运动与能量与日常生活和社会相关联,在理解有关力的平衡,力的合成与分解,运动的规律性,机械能的事物和现象的基本概念、原理、定律等的同时,掌握与其相关的观察、实验等基本技能。	关于运动与能量,有预测地进行观察、实验等,对其结果进行分析、解释,发现力的平衡,力的合成与分解,物体的运动,机械能的规律性或相关性。同时,回顾探究的过程。	深入参与与运动与能量有关的事物和现象相关的活动,有预测、有回顾地进行科学探究。
	单元评价标准(以"运动的规律性"单	将运动的规律性与日常生活和社会相关联,在理解运动的	关于运动的规律性,有预测地进行观察、实验等,对其	深入参与与运动规律性有关的事物和现象相关的

续　表

		知识·技能	思考·判断·表达	主动学习的态度
	元为例)	速率和方向,力与运动的基本概念、原理、定律等的同时,掌握进行科学探究所必需的观察、实验等基本操作,及记录等基本技能。	结果进行分析、解释,发现物体运动的规律性或相关性,并进行表达,同时还要回顾探究的过程等,进行科学探究。	活动,有预测、有回顾地进行科学探究。

三、过程评价的实施

通过表 5-2 可以看出,日本中小学科学的过程评价是以单元为单位落实科学课程目标的。下面以日本初中科学"物体的运动"单元为例,具体说明日本中小学科学如何实施过程评价。

(一)"运动的规律性"单元介绍

"运动的规律性"是日本初中科学课程内容第一领域的"运动与能量"大单元中的一个单元。"运动与能量"大单元内容在初中科学课程标准中的具体表述如下:

通过对物体的运动与能量进行观察、实验等,指导掌握以下各项。

1. 将物体的运动与能量与日常生活和社会相关联,在理解以下各项的同时,掌握与其相关的观察、实验等基本技能。

(1) 力的平衡、合成与分解

① 作用于水中物体的力

进行水压的实验,将其结果与水的轻重进行关联理解。另外,要知道水中的物体受到浮力的作用。

② 力的合成与分解

进行有关力的合成与分解的实验,理解合力和分力的规律。

(2) 运动的规律性

① 运动的快慢与方向

进行有关物体的运动的观察、实验,知道运动是有快慢和方向的。

② 力与运动

进行给物体施加力时的运动和不给物体施加力时的运动的观察、实验,发现并理解给物体施加力时的运动,在运动过程中物体运动的方向和运动的快慢是变化的;不给物体施加力时的运动,物体进行匀速直线运动。

(3) 机械能

① 做功与能量

进行有关做功的实验,理解做功和功率。进行碰撞实验,了解物体所具有的能量可以通过让物体对其他物体做功进行测量。

② 机械能守恒

进行有关机械能的实验,能够发现并理解动能和势能是可以相互转化的,机械能是守恒的。

2. 对物体的运动与能量,有预测地进行观察、实验等,对观察、实验等的结果进行分析、解释,发现并表达力的平衡、力的合成与分解,物体的运动,机械能的规律性或相关性。而且,还要对探究的过程进行回顾。[6]

(二)"运动的规律性"单元教学的过程评价计划

"运动的规律性"单元教学的过程评价[5]56-66包括单元教学目标、单元评价标准和单元教学指导与学习评价计划。

【单元教学目标】

"运动的规律性"单元目标的设置与日本初中科学课程目标的"知识·技能""思考·判断·表达""主动学习的态度"三个方面是一致且对应的,具体如下:

1. 将运动的规律性与日常生活和社会相关联,在理解运动的速率和方向、力与运动的同时,掌握与其相关的观察、实验等基本技能。

2. 对运动的规律性,有预测地进行观察、实验等,对其结果进行分析、解释,发现并表达物体运动的规律性或相关性。同时,回顾探究的过程。

3. 积极参与与运动规律性事象相关的活动,培养科学探究的态度。

【单元学习评价标准】

单元学习评价标准就是对单元教学目标作出的评价,单元学习评价标准也是从"知识·技能""思考·判断·表达""主动学习的态度"三个方面制定,且与单元教学目标的三个方面是一一对应。具体参见表5-1中的单元评价标准。

【单元教学指导与学习评价计划】

日本初中科学"运动的规律性"单元教学共计9课时,每课时的具体教学指导与学习评价计划参见表5-3。

表5-3　"运动的规律性"单元教学指导与学习评价计划

课时	目标与教学活动	重点	教学活动指导与学习评价要点
1	● 详细观察身边物体的运动情况,调查物体运动的要素。 ● 理解物体运动的快慢,即速率,被用来表达时间与移动距离之间的关系。	知	● 理解物体运动有运动的快慢和运动方向的要素。 ● 理解物体运动的快慢,即速率,被用来表达时间与移动距离之间的关系。
2	● 进行调查身边物体运动情况的运动实验,掌握正确操作打点计时器和定量记录物体运动情况的技能。	知	● 正确操作打点计时器,会使用打点计时器进行调查小车运动情况的运动实验,掌握处理纸带的记录方法。〔行为观察、记述分析〕
3	● 分析、解释调查物体运动情况的运动实验结果,发现运动的规律性。	思	● 从实验结果能够发现并表达,在持续的力作用下的运动,其时间与速率,时间与移动距离之间的关系。
4	● 在水平面上,在用细线连接小车和砝码进行小车运动的实验中,能够发现问题并设定课题。	态	● 基于实验结果,着重于小车运动情况的不同,尝试找到课题。〔记述分析〕
5	● 通过改变斜面坡度(斜面相对于水平面的倾斜角度)等条件,进行调查小车运动的实验,对实验结果进行分析、解释,发现斜面坡度变化与速率变化的规律性。	思	● 从实验结果中能够发现,沿着斜面下滑的小车的速率是随着时间的变化按照一定的比例发生变化的。〔记述分析〕

续　表

课时	目标与教学活动	重点	教学活动指导与学习评价要点
6	● 通过使用带有喷气装置的轨道进行实验,观察物体的运动情况,能够发现物体不受力时的运动是匀速直线运动。 ● 理解当物体不受力或受到的力是平衡力时,物体将保持静止状态或匀速直线运动状态。	态	● 从实验结果中,能够发现速率,是时间和移动距离之间的关系,并进行表达。[记述分析] ● 理解当物体不受力或受到的力是平衡力时,物体将保持静止状态或匀速直线运动状态。
7	● 当一个物体对另一个物体施加力时,理解力在这两个物体之间是相互作用的(作用力与反作用力)。	知	● 理解当力在两个物体之间发生作用时,是双方同时和相互地产生力的作用。
8	● 在水平面上用细线连接小车和砝码进行调查小车运动情况时,能够发现小车在受到力的作用和在不受力的作用时的运动规律,并进行课题的解决。	态	● 运用所学到的知识和技能,将作用在小车上的力的大小不同与小车的速率变化联系起来,进行课题的解决。[记述分析]
9	● 回顾关于运动的规律性的学习,确认是否掌握了概念性知识。	知	● 掌握关于运动的规律性的概念性知识。[试卷测试]

(三)“运动的规律性”单元教学过程评价的实施

下面从课时目标、评价标准、评价要点、评价过程与方法、评价结果五点着手,对单元教学目标三个方面的评价进行详细说明,以展现“运动的规律性”单元教学过程评价的实施情况。

【“知识·技能”方面的评价——以单元第 2 课时为例】

1. 课时目标

进行调查身边物体运动情况的实验,掌握正确操作打点计时器的技能,以及记录和处理物体运动情况信息的技能。

2. 评价标准

在“知识·技能”方面的评价标准是能够正确地操作打点计时器,会使用打点计时器进行调查小车运动情况的实验,掌握处理打点计时器打出来的纸带数据的技能。

3. 评价要点

在使用打点计时器进行调查小车运动情况的实验中,主要评价是否掌握了处理纸带数据的方法。在实验中要通过反复使用打点计时器进行实验,来切实掌握使用打点计时器和处理纸带数据的方法技能。这个技能也可以在第 5 课时的调查沿斜面下滑的物体的运动的实验中,以及在第 6 课时的调查物体在没有受到力的作用时的运动的实验中,进行再次确认和评价,以便对这个技能作出总体评价。

4. 评价过程与方法

学习场面	学习活动	学习活动的评价标准	评价方法
导入	● 思考调查小车运动情况的方法。 课题:正确使用打点计时器,调查小车运动情况。		
展开	● 知道打点计时器打出来的纸带的打点间隔与时间的关系。 ● 知道使用打点计时器调查小车运动情况的方法。 ● 进行调查小车运动情况的实验。 ● 知道纸带上两点之间的时间间隔是 0.1 秒,并会表示时间与 0.1 秒的移动距离之间的关系。	● 正确操作打点计时器,进行调查小车运动情况的实验,掌握处理纸带数据的技能。	行动观察
总结	● 根据纸带数据的处理结果,着重于时间与 0.1 秒的移动距离之间的关系,总结小车运动的规律性。		实验记录单

5. 评价结果

对"知识·技能"方面的评价是通过分析行动观察以及实验记录单的情况进行的,其评价结果如下。

评价结果为 A 的案例:

能够正确使用打点计时器进行实验操作,处理纸带数据,整理实验结果,同时能够制作表示时间与 0.1 秒移动距离之间的关系图表,从知识、技能方面的评价标准来看,可以判断为"十分满意"的状况 A。

评价结果为 B 的案例:

在实验中发现了正确操作记录计时器的情况,然后,依次粘贴以 0.1 秒间隔剪切的纸带,显示表示时间与 0.1 秒移动距离之间的关系的状况,从知识、技能方面的评价标准来看,可以判断其为"大致满意"的状况 B。

评价结果为 C 的案例:

不能读取 0.1 秒的打点间隔,不能按顺序粘贴剪切下来的纸带上的数据,所以,从知识、技能方面的评价标准来看,可以判断为"需要努力"的状况 C。

【"思考·判断·表达"方面的评价——以单元第 5 课时为例】

1. 课时目标

进行调查小车沿斜面下滑时的运动的实验,并能够发现当物体受到一定的持续力的作用时其运动的规律性。

2. 评价标准

在"思考·判断·表达"方面的评价标准是通过调查沿斜面下滑的小车的运动情况的实验结果,能够发现并表达沿斜面下滑的小车受到的力的大小与小车的速率变化之间的规律性。

3. 评价要点

在进行调查沿斜面下滑的小车的运动的实验中,通过分析和解释其实验结果,主要评价能够发现并表达:在小车受到力的作用下进行运动时,小车速率是随着时间的变化而变化的;小车受到的力越大,小车速率的变化也就越大。

4. 评价过程与方法

学习场面	学习活动	学习活动的评价标准	评价方法
导入	● 预测沿斜面下滑的小车的运动情况。 课题:作用在斜面上小车的力的大小变化与小车的速率的变化之间有什么关系。		
展开	● 通过改变斜面坡度,进行调查小车运动情况的运动实验。 ● 确认在沿斜面下滑的小车,受到与斜	● 根据实验结果,能够发现并表达沿斜面下滑的小车受	实验记录单

续　表

学习场面	学习活动	学习活动的评价标准	评价方法
	面方向一致且向下的一定的力的作用。 ● 比较小车在斜面坡度不同的斜面上运动的情况。 ● 根据改变斜面坡度进行实验的结果，思考小车受到力的大小与小车的速率的变化之间的关系。	到的力的大小与小车的速率变化之间的规律性。	
总结	● 总结小车受到力的大小与小车的速率的变化之间的关系。		

5. 评价结果

对"思考·判断·表达"方面的评价,是通过分析实验记录单的记述进行的,其评价结果如下。

评价结果为 A 的案例:

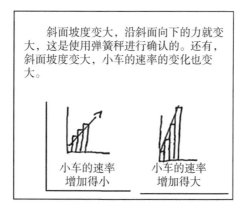

通过记录纸带长度的不同,显示了图表的特征,并分别说明了速率的变化情况。着重于条件的不同提出依据,小车在力的作用下的运动,随着时间的变化,速率会发生变化,能够发现小车受到的力变大时小车速率的变化就变大,并进行表达。从思考、判断、表现方面的评价标准来看,可以判断为"十分满意"的状况 A。

评价结果为 B 的案例:

> 随着斜面坡度变大，与斜面平行且向下的力就变大，小车速率的变化也
> 就变大。

能够发现，当力作用于物体运动的方向时，物体的速率就会变大。另
外，随着斜面坡度不同和作用于小车的力的大小不同，小车的速率也会发生
变化。从思考、判断、表现方面的评价标准来看，可以判断为"大致满意"的
状况 B。

评价结果为 C 的案例：

> 斜面坡度越大，小车的速率就越大。

本案例虽然能够对斜面坡度大小和小车速率的关系进行记述，但没有
记述作用于小车的力的大小变化与速率之间的关系。从思考、判断、表现方
面的评价标准来看，可以判断为"需要努力"的状况 C。

【"主动学习的态度"方面的评价——以单元第 8 课时为例】

1. 课时目标

运用所学的知识和技能（即有关作用在小车上的力的大小与小车速率
之间的关系），能够说明使用细线连接小车和砝码在水平面上拉动小车运动
的情况。

2. 评价标准

在"主动学习的态度"方面的评价标准是运用所掌握的知识和技能，将
作用于小车的力的大小变化与小车速率的变化之间的关系，进行反复试验，
对确定的课题作出说明解释。

3. 评价要点

根据此时的"探究过程回顾表"的记述，评价是否能够运用有关物体受
力的作用时的运动和物体没有受力的作用时的运动的知识及技能，解决在
第 4 课时设定的课题。本课时是基于"探究过程回顾表"的记述情况作出
评价。

> "探究过程回顾表"的一部分
> 1. 根据课题实验结果，说明小车运动情况与小车受到的力之间的关系。

2. 先说明一下自己的想法,然后在班里讨论总结。在总结时,用红笔添加受别人的想法启发而注意到或者加深了印象的事情。

"探究过程回顾表"的一部分

1. "活用了什么样的知识和技能"

(关于这段时间的活动,为了说明课题,你有了线索和意识到的事情等)

2. "和谁进行了怎样的对话"

● 自己的想法

● 班级讨论后的想法

3. "注意到了什么?"

(进行设定课题并解决的学习,写下感觉很重要和在学习上注意到的要点。)

---

4. 评价过程与方法

在这个单元中,设计了一个以探究小车受到力的作用和不受力的作用时小车运动的规律性为基础进行课题解决的探究学习活动。

(1)单元构成的目标

第4课时的学习中设定了课题,第5课时到第7课时的学习是为了发现并理解物体受到力的作用与不受力的作用时速率的规律性或相关性,本课时是为了解决此课题而进行的探究学习活动。

(2)课题的设定(第4课时)

在第4课时,是用细线的一端连接小车,另一端通过定滑轮连接钩码,小车在钩码的作用下在水平面上运动,根据实验结果发现问题并设置探究课题。

在钩码自由下落的过程中,水平面上小车的速率逐渐变大,并在钩码到达地面后变得恒定。在这个实验中,要着重关注小车运动的变化,从中发现问题,并能够设定课题"小车的速率变化与通过钩码对小车作用的力有什么关系?",进而去探究解决课题。这是在第4课时需要设置的学习情境。

这个课题的解决过程是在第5课时到第7课时进行的,通过有预测地进行有关物体在受到持续力的作用与没有受到力的作用时的物体运动的学习活动,进行课题的解决,在这个过程中培养科学探究的能力和态度。

（3）课题的解决（第 8 课时）

学习场面	学习活动	学习活动的评价标准	评价方法
导入	● 回忆在第 4 课时设定的课题。 ● 回顾用细线连接砝码和小车进行调查在水平面上小车运动时的运动实验。 课题：根据实验结果，说明小车的速率的变化与作用在小车上的力的大小变化之间的关系。		
展开	● 总结自己对有关小车运动时的情况的想法。 ● 小组讨论，说明小车运动时的情况与作用于小车的力之间的关系。		
总结	● 回顾单元的学习，在"探究过程回顾表"中记述。	● 运用所学的知识、技能，能够说明小车的速率的变化与作用在小车上的力的大小变化之间的关系。	"探究过程回顾表"的记述分析

5. 评价结果

对"主动学习的态度"方面的评价，是通过分析"探究过程回顾表"的描述进行的，其结果如下。

评价结果为 A 的案例：

当看到根据实验数据制作的直线图是向右上方倾斜时，我当初只想是因为受到了持续施加的一定的力。但是，当我听到有的同学是"钩码拉小车的拉力与倾斜是相似的"的想法时，我注意到了不仅仅是这个实验，还能联系到至今为止的其他实验的重要性和有趣的地方。

"以一定的比例持续加速。因为用 4 个钩码拉小车时，比用 2 个钩码拉小车时小车受到的力大，所以，速率变化的比例也变大。"这是我的想法，但是,也注意到有的同学是"有速率是一定的时候"的想法。

　　虽然自己设定课题很难解决,但是也要重视同学的想法,说明的能力很重要。另外,我认为注意细节也很重要。

　　解决课题的过程中,一边反复试验一边解决。从主动学习的态度的评价标准来看,可以判断为"十分满意"的状况 A。

　　评价结果为 B 的案例:

　　我试着做设定课题、解决课题的学习,感觉到重要的是,将自己有疑问的事情说出来。与同学分享想法时,感觉大家也都有同样的想法。

　　在班里进行讨论的时候,自己有想法,但是不知道该如何表达,这对我来说很难。但是,听了同学的想法,自己的想法也会改变,也会有新的疑问产生,开阔了视野。

　　记录了"和谁进行了怎样的对话"和"注意到了什么",在解决课题的过程中,进行了尝试试错。从主动学习的态度的评价标准来看,可以判断为"大致可以满意"的状况 B。

　　评价结果为 C 的案例:

　　砝码拉了小车,小车的速率变大了。

　　根据实验结果,记录了小车的运动情况,但是,在"运用了什么知识和技能""与谁进行了怎样的对话""注意到了什么"等方面没有记录,所以,从主动学习的态度的评价标准来看,判断为"需要努力"的状况 C。

四、过程评价的特点

　　通过上述对"运动的规律性"单元教学过程评价的具体说明,可以看出日本中小学科学教学过程评价的特点。

　　一是,单元是落实课程目标的基本单位,过程评价的评价标准就是单元教学目标,且与课程目标一致。在单元的过程评价中能够对课程目标"知识·技能""思考·判断·表达"和"主动学习的态度"三方面要求均进行体现,并进行清晰的和对应的落实。

二是,过程评价与教师指导和学生学习的教学过程不是分开的,而是一体的、相互嵌入的。根据每课时的具体内容,落实课程目标要求中的某一方面要求,在教学过程中作出恰当和有依据的过程评价。以各课时教学过程中的过程评价积累,形成单元的过程评价,使课程目标的三方面要求能够在单元教学中扎实有效地落到实处。

三是,过程评价的结果是以学生在学习过程中的客观表现为证据,并依据评价标准对学生的学习情况作出有说服力的判断。这有利于教师在教学指导过程中及时准确地对学生的学习情况进行反馈,提高学生的学习效果。

四是,在评价过程中,突出了在科学探究过程各环节中呈现学生的思考过程,这有利于学生对科学概念的理解,以及深度学习的开展和高级思维的培养,同时也为评价提供了可测量、可评判的信息和证据,体现了在教学过程中对学生科学探究能力的培养。

五是,以单元为基本单位的教学过程评价,有助于课程在国家层面实现设计、实施与评价的一体化,确保了课程在实施层面的教师教学指导与学生学习评价的一致性,有利于课程目标的有效落实和教学的高质量达成。

第二节   日本义务教育阶段科学的结果评价与科学探究

一、日本义务教育质量监测的历程

日本的全国学力、学习状况调查相当于我国的义务教育质量监测,也就是本章所指的结果评价。日本自20世纪50年代起在国内开展全国学力、学习状况的抽样调查,自1961年起开始实施针对若干年级的全国学力统考。当时,学力考试导致了各地区和学校对考试名次的争夺乃至过度竞争,从而遭到社会各界的批判和反对,于是在1965年被中止。然而,该项考试又于1976年开始逐渐得到恢复。特别是日本于2002年开始实施1998年版课程标准,而此版课程标准对应的课程方案削减了中小学近1/3的课程内容,是日本二战后历次课程方案修订中课程内容被减到最少的一次,这使人们担心学生的学力会因此而下降,在这种情况下,日本各地纷纷展开以监测学生学力水平为目的的学力考试。由于各地分别进行考试,无法将本地测试结果与全国平均水平进行比较,文部科学省也难以掌握学生的总体学力水平,因此,为了掌握全国范围的学力水平,日本于 2007 年开始每年进行全国学力、学习状况调查,[7]直至今日。

二、日本义务教育阶段科学的结果评价

日本义务教育阶段科学的结果评价是指日本义务教育质量监测中有关科学学科的测试。日本义务教育质量监测的目的之一,是要通过把握和分析全国所有学生的学习状况,来分析国家及各教育委员会的教育政策及政策实施的成果和存在的问题,以寻求可使其改善的具体措施;目的之二,是学校要在对每位学生的教育指导和学习状况的改善方面发挥作用;目的之三,是要通过这样的监测工作建立对教育改革进行持续验证与完善的循环机制。总之,就是要保持义务教育的机会均等和提高义务教育的质量。[11][12]

日本自 2007 年起每年四月进行义务教育质量监测,全国的小学六年级学生和初中三年级学生全员参加此项监测,不过起初只有小学语文、小学算数、初中数学、初中语文四个学科。2012 年开始增加小学科学、初中科学两个学科,这两个学科每三年进行一次监测,也是由全国的小学六年级学生和初中三年级学生全员参加。日本最近一次实施的义务教育质量监测小学科学、初中科学学科测试是于 2022 年实施。日本义务教育质量监测科学测试的要点参见表 5-4。

表 5-4　义务教育质量监测科学测试要点说明[8][9]

评价方面	评价要点	要点说明
科学知识·技能	知识	事实性知识,是对有关自然事物和现象的基本理解
		概念性知识,在将事实性知识与已有知识的关联和运用中理解概念
	技能	用于观察、实验的器具的操作,结果的记录、整理、处理等技能

续 表

评价方面	评价要点	要点说明
科学探究能力（思考·判断·表达）	分析、解释	对从事象的观察中抽出的要素，或实验的结果等信息进行分析解释、判断、推论
	设想、构想	设定可能需要解决的课题，在预想或假说的基础上制定观察、实验计划
	研讨、改善	研讨科学探究使用的方法是否合适及能否加以改善，把自己和他人的想法进行多方面的综合思考以提高自己的想法的妥当性，评价探究的过程与方法

三、日本义务教育质量监测科学测试试题

（一）科学测试的试题构成

日本义务教育质量监测科学测试的试题构成情况具体参见表 5-5 和表 5-6。

表 5-5　小学科学测试的试题构成[8]

大题序号	内容领域	小题序号	评价要点		试题类型			考查的科学探究能力
			知	思	选择	简答	记述	
一	生物	1			○			构想问题解决路径，以追加的信息为基础，对更科学的想法进行探讨和改善
		2		○			○	
		3	○		○			对自然事物、现象的理解
		4		○	○			以多个视角分析、解释提示的信息，以注意自然事物和现象的视角进行分析、解释
		5		○	○			
二	化学	1	○			○		对实验器具的理解，正确的使用方法
		2	○		○			
		3		○	○			以实验结果为基础，对科学性想法的探讨和改善
		4		○			○	从认识自然事物和现象的角度分析、解释

续 表

大题序号	内容领域	小题序号	评价要点		试题类型			考查的科学探究能力
			知	思	选择	简答	记述	
三	物理	1	○		○			对自然事物和现象的理解
		2	○		○			适当的记录
		3		○		○		以追加的信息为基础,对更科学的想法进行探讨和改善,从问题的视角分析和解释实验得到结果
		4		○			○	
四	地学	1		○	○			从问题的视角分析·解释通过观察得到的结果
		2		○	○			构思解决问题的途径
		3		○	○			从多个视角分析、解释通过观察等得到的结果
		4	○			○		对自然事物和现象的理解
共计		17	6	11	11	3	3	

表5-6 初中科学测试的试题构成[9]

大题序号	内容领域	小题个数	评价要点		试题类型			设置的科学探究问题	考查的科学探究能力
			知	思	选择	简答	记述		
一	物理	1	○		○			对触摸屏的科学探究	对日常生活现象中与静电相关的知识的理解能力
		2		○	○				
二	地学	1	○		○			对天气的变化进行科学探究	对分析中使用的观测数据是否妥当进行研讨,并作出进一步分析的能力
		2		○	○				
		3		○	○				
三	化学	1	○		○			对氢的利用进行科学探究	利用ICT机器,以原子和分子的模型为基础,用化学反应方程式表示化学变化的能力
		2		○	○				
		3		○		○			

续　表

大题序号	内容领域	小题个数	评价要点		试题类型			设置的科学探究问题	考查的科学探究能力
			知	思	选择	简答	记述		
四	生物	1		0			0	以生物的外部形态为基础进行科学探究	将动物的外部形态与生活场所、移动方式等进行相关联进行思考与表达的能力
		2		0	0				
五	物理	1	0		0			对按压弹簧的科学探究	研讨和改善实验计划的能力
		2	0		0				
		3		0			0		
六	地学	1	0		0			通过观察大地的变动来进行科学探究	从多个视角对地层倾斜的原因进行分析、解释的能力
		2		0	0				
		3		0	0				
七	化学	1	0		0			对水的状态变化进行科学探究	研究实验计划并思考如何对其进行改善的能力
		2		0	0				
八	生物	1		0			0	对蚂蚁排队成行进行科学探究	在制定实验计划时,设想会出现与预测和假说不同的结果的能力
		2		0			0		
		3		0			0		
共计		21	7	14	15	1	5		

(二) 科学测试的具体试题

表5-7列出了日本义务教育质量监测科学测试小学科学第二道大题和初中科学第五道大题的出题意图。

表5-7　相关试题的出题意图[8][9]

大题序号	小题序号	出题意图
小学科学试题二（化学领域）	问1、问2	测试学生是否了解量筒这一器具,是否掌握了量筒的正确操作方法。
	问3	以实验结果为基础,对科学性想法的探讨和改善。

续　表

大题序号	小题序号	出 题 意 图
	问 4	从认识自然事物、现象的角度进行分析和解释。
初中科学 试题五 （物理领域）	问 1	测试有关"力的作用"的知识和技能的运用，测试学生是否会用箭头表示作用在物体上的重力和与其平衡的力，并能对其进行说明。
	问 2	测试学生是否掌握了为对探究问题作出正确分析而制作图表的技能。
	问 3	测试学生能否以提高分析问题的正确性为目标，从增加测量值范围或减少测量值间隔的角度来研讨实验计划并对其进行改进。

结合表 5 - 7 展示的出题意图，展示与该表相关的两道具体题目如下。

☆**小学科学试题二**[8]

小明为了能喝到凉的红茶水或甜的红茶水，分别把水和糖水放在冰箱里冻成冰块。

 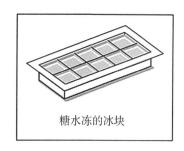

水冻成的冰块　　　　　　　　　　　糖水冻的冰块

小明

水先结成冰块，糖水结成冰块要比水结成冰块需要的时间长，糖水变成冰块的温度要比水结冰时的温度低吧？我想调查一下。

不只是调查糖水，还要调查一下盐水。

小红

因为糖水和盐水变成冰的部分是水，所以，糖水和盐水和水一样，都是在0℃全部变成冰的。

小光

那就做实验吧。

小红

问1：小明为了制作实验中使用的糖水和盐水，使用图5-1的器具测量出 50 mL 的水。请写出小明使用的器具(图5-1)的名字。

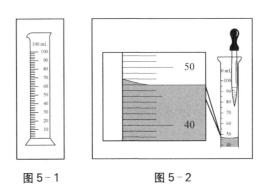

图5-1   图5-2

问2：在图5-1的器具里，如图5-2所示，倒入了刻度50以下的水。为了量取 50 mL 的水，之后用吸管放入多少水好呢？从下面的①～④中选一个，写在括号里(   )。

① 2 mL   ② 3 mL   ③ 4 mL   ④ 6 mL

为了做以下实验，用相同方法量取了实验用的水溶液。

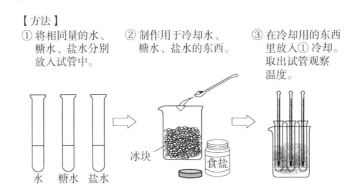

【方法】
① 将相同量的水、糖水、盐水分别放入试管中。

② 制作用于冷却水、糖水、盐水的东西。

③ 在冷却用的东西里放入①冷却。取出试管观察温度。

冰块   食盐

水 糖水 盐水

　　实验的【结果】，即水、糖水、盐水的"开始结冰时的温度"和"全部结成冰时的温度"如下表。

【结果】

冷却水、糖水、盐水时的温度

	开始结冰的温度（℃）	全部结成冰的温度（℃）
水	0	0
糖水	−1	−1
盐水	−6	−8

　　问 3：小光做完实验之后，确认了以下的【问题】和【预想】。

【问题】
　　糖水和盐水全部结冰时的温度，应该比水全部结冰时的温度低吧？

【预想】
　　糖水和盐水，只是水的部分结冰，所以应该与水全部结冰时的温度一样，都是 0℃。

基于以上【结果】，知道我的【预想】不对。如果考虑修改的话，【结果】甲应该回答了【问题】乙。

小光

　　甲中的哪个结果（从①～④中选择一个）回答了乙的哪个问题（从⑤～⑧中选择一个），能够符合小光的想法。请把选择的题号写在（　　）里。

　　甲

　　① 全部结成冰时，水是 0℃、糖水是−1℃、盐水是−8℃。

② 将水、糖水、盐水进行冷却，最后都能够结成冰。

③ 盐水全部结成冰的时间比糖水全部结成冰的时间长些。

④ 水、糖水、盐水，0℃时全部结成了冰。

乙

⑤ 糖水和盐水全部结成冰时的温度，与水全部结成冰时的温度是相同的。

⑥ 糖水和盐水全部结成冰时的温度，比水全部结成冰时的温度低。

⑦ 盐水全部结成冰时的温度，比糖水全部结成冰时的温度低。

⑧ 只有盐水全部结成冰时的温度比水全部结成冰时的温度低。

问 4：把糖水冻的冰块放入红茶水中，沉到红茶水杯杯底。

小明：水冻的冰块浮在了红茶水的上面，糖水冻的冰块却沉到水底了。

小红：因为是糖水冻的冰块，所以沉到水底了。

小光：除了糖水冻的冰块外，试一试用其他水溶液冻的冰块如何？

小光在试一试其他冰块的基础上发现了【问题】。你能想到 B 同学发现了什么样的【问题】吗？请写出一个发现的问题。

☆初中科学试题五[9]

在科学课堂上进行了以下科学探究，即探究了在按压弹簧时施加的力的大小与弹簧被压缩长度之间的关系。

探究按压弹簧时的情境

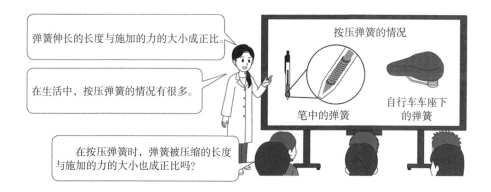

笔记中的一部分

【探究问题】

弹簧被压缩的长度与施加的力的大小是否成正比？

【实验计划】

如图 5-3 所示，给弹簧施加的力的大小发生变化时，测量弹簧被压缩的长度变化，测量 3 次，将平均值填写在实验结果表中，并根据表中数据制作折线图。

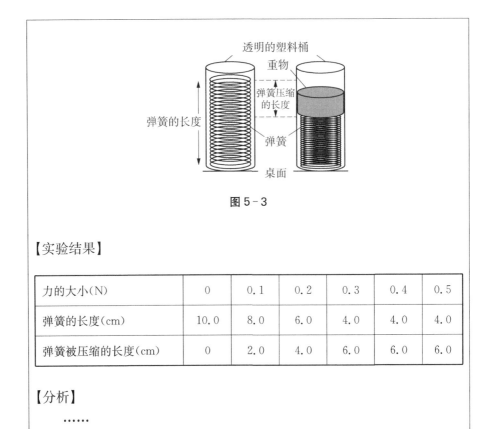

图 5-3

【实验结果】

力的大小(N)	0	0.1	0.2	0.3	0.4	0.5
弹簧的长度(cm)	10.0	8.0	6.0	4.0	4.0	4.0
弹簧被压缩的长度(cm)	0	2.0	4.0	6.0	6.0	6.0

【分析】

......

问 1:图 5-4 为把重物放在弹簧上静止时重物所受重力图。从下列 A、B、C、D 四个图中选择一个表示图 5-4 重物所受重力的平衡力的图,并从 E、F、G、H 四个说明中选择一个对已选平衡力的确切说明。

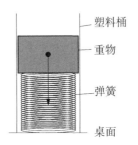

图 5-4　重物所受的重力

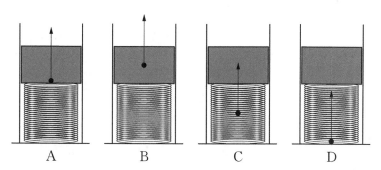

E. 重物按压弹簧的力　　F. 弹簧按压重物的力

G. 重物按压桌面的力　　H. 桌面对重物支撑的力

问 2：从下列 A、B、C、D 四个图中选择一个最适合【分析】时使用的折线图。

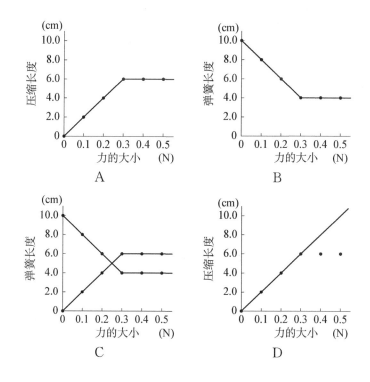

探究使用磁铁的弹簧的情境

磁悬浮列车是利用磁铁"同极相斥，异极相吸"的性质，使列车完全脱离轨道而悬浮起来行驶。

磁铁的同极之间相互排斥的现象就像是"磁性弹簧"。

把两根磁铁的相同磁极互相靠近，两根磁铁会像弹簧一样弹开。

在"磁性弹簧"中，施加的力的大小与被压缩长度是否也成正比呢？

笔记中的一部分

【新的探究问题】

"磁性弹簧"被压缩的长度与施加的力的大小成正比吗？

【实验计划】

如图5-5所示，在对磁铁施加的力从0开始每次增加0.5N直至2N的过程中，测量"磁力弹簧"被压缩长度的3次平均值，填写在实验结果表中，并根据表中数据制图。

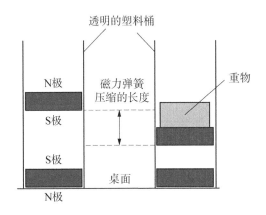

图5-5

【实验结果】

力的大小(N)	0	0.5	1.0	1.5	2.0
压缩的长度(cm)	0	1.5	2.3	2.9	3.2

【分析】

　……

在小组中,对个人的分析情况进行研讨的情境

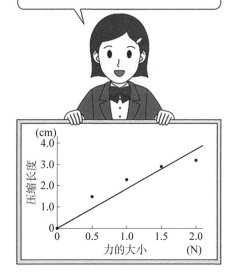

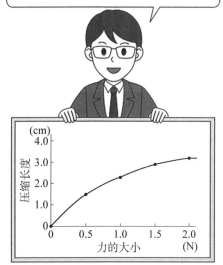

问 3:关于上述的画线部分,思考如何增加测量值? 请参考【实验计划】中的"对磁铁施加的力从 0 开始每次增加 0.5 N 直至 2 N 的过程"部分,进行回答。

四、日本义务教育质量监测科学结果的运用

日本义务教育质量监测科学结果的运用,是多方位、多角度、深入细致地从学生、教师、学校、区域、国家等各层面进行的,其目的是改善和提高每位学生的学习效果,促进全国义务教育的均衡与高质量发展。

(一)学生层面

在学生层面,要求教师针对参加监测的每位学生及时反馈结果及指导学习改进。

每次义务教育质量监测结果公布之后,教师都要对参加测试的学生,根据测试结果进行具体的针对性个别指导,以帮助学生明确自己在监测试题中出现的问题,并帮助他们进行问题解决。这是每位学生对所受的义务教育进行的一次彻底的查漏补缺,也是国家对义务教育质量的一次大检查。简言之,这直接关系到每位学生所受义务教育的结果质量,也从侧面体现了义务教育的均等、公平机会,其有利于国家对义务教育质量的把握,同时也为提高义务教育质量相关政策的决策提供了实证依据。

(二)教师层面

在教师层面,运用监测结果开展规范性研究,帮助教师进行教学改进。

自 2009 年开始,文部科学省每年在义务教育质量监测结束之后举办监测结果运用说明会,以指导相关人员运用监测结果开展规范性研究及帮助教师进行教学改进。该会议由国立教育政策研究所承办,分学科对监测结果作出细致深刻的分析,并给出具体范例进行说明。例如,根据监测结果数据制作《课堂教学创意范例》小册子发放到各教育委员会和学校,以指导有关方面根据自身实际情况制作有利于改进教学指导和提高学生学习效果的具体案例,进而将各方案例公布在文部科学省网站上分享,为各方提供互相学习、交流与借鉴的机会。这有利于促进国家义务教育质量的提高与均衡发展。

《课堂教学创意范例》小册子及各方据此制作的具体案例,为一线教师提供了优质丰富的课堂教学资源。这些教学资源既能在课堂教学中使用,又能在学校相关日常教学和教材研究的校本研修会中使用,也能在各教育委员会举办的教师研修活动中使用。

例如,针对初中科学测试第五道大题的第 3 问,在课堂教学开展的科学探究活动过程中,对实验结果中的几个测量值是否可以连成直线进行研讨,最终得出"施加的力的大小与磁力弹簧被压缩的长度之间成比例关系"的结论。

根据图 5‑6 的实验数据连线,A 同学认为这是通过原点的直线,所以二者成比例关系;B 同学认为连线虽然通过原点但不是直线,所以二者不成比例关系。

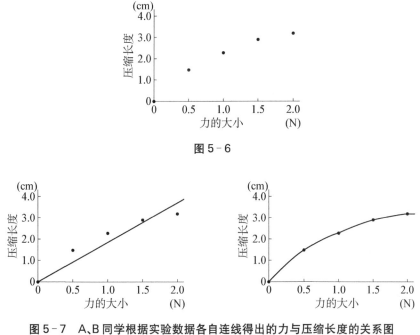

图 5‑6

图 5‑7　A、B 同学根据实验数据各自连线得出的力与压缩长度的关系图

因此,根据上述的实验结果,无法对 A、B 两位同学的结论孰对孰错进行判断,所以需要增加测量值以便进行判断。那么,如何增加测量值就成为需要解决的关键问题。增加测量值有两种方法,一种是增加测量范围,另一种

是调整测量间隔。

如果是增加测量范围,那就再测量一次 2.5 N 的力,看磁力弹簧被压缩的长度情况。在这种情况下,A 同学测量的磁力弹簧压缩长度是接近 4 cm;B 同学测量的磁力弹簧压缩长度是接近 3 cm。A、B 同学根据实验数据各自制作的图如图 5-8。

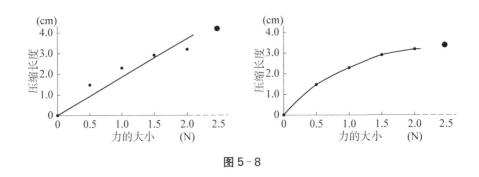

图 5-8

如果测量范围不变,把测量间隔由原来的 0.5 N 调整为 0.25 N,看磁力弹簧被压缩的长度情况。在这种情况下,A 同学认为测量值连线是直线,所以二者成比例关系;B 同学认为测量值连线不是直线,所以二者不成比例关系。A、B 同学根据实验数据各自制作的图如图 5-9 所示。

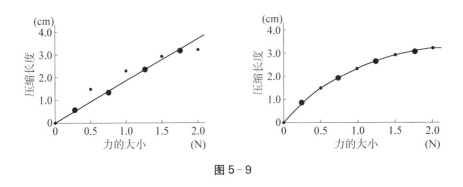

图 5-9

因此,通过增加测量范围和缩小测量间隔两种方法,就可以帮助判断A、B 两位同学中哪位同学的想法是更妥当的。

（三）学校层面

在学校层面，开展监测结果运用的实践研究，帮助学校提高教学质量。

义务教育质量监测结果运用的实践研究模式如图 5-10 所示。该研究是自 2007 年起每年进行的固定项目，项目由日本文部科学省委托都道府县指定都市的教育委员会，协同当地学校，根据监测结果指导和帮助学校分析和找出教学中存在的问题，并确定解决问题的具体措施，再通过之后的监测结果来评估实施改进措施对学生学习效果的影响，以提高学校教学质量。此外，各校均要把学校教学质量提升的整个过程以事例的形式形成实践研究报告。文部科学省会再从这些实践研究报告中选择优秀事例进行全国推广普及，以为其他学校提供学习、参考与借鉴，进而促进国家义务教育质量的提高与均衡发展。

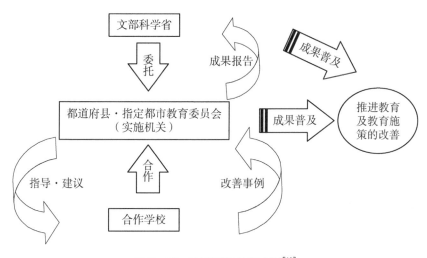

图 5-10　实践研究的模式图[10]

（四）区域层面

在区域层面，开展有关监测结果运用的调查研究，解决区域内的共通性问题。

义务教育质量监测结果运用的调查研究，是日本文部科学省自 2009 年起每年主办的固定项目。其目的是解决单一学校所不能解决的，同时又是某一区域内多所学校都面临的共通性问题。这类问题需要由市町村教育委员会协同所辖学校一起展开调查研究并进行解决。该调查研究的模式如图5-11所示,其与图5-10所示的实践研究存在诸多不同,其一是都道府县·指定都市教育委员会由实施(主办)机关改为实施主体;其二是都道府县·指定都市教育委员会与大学合作,在国家统一指导之下,对市町村教育委员会和学校在调查研究过程中面临的困难和需要解决的问题给予指导和帮助,以成功解决某一区域内多所学校共通的问题为事例,形成调查研究报告,进行全国推广普及,以为其他区域学习、参考与借鉴,进而促进国家整体义务教育质量的提高与均衡发展;其三,该项目在进行调查研究之前要形成调查研究实施计划书并上报文部科学省进行审查,审查通过之后或计划书根据审查结果进行修改之后,项目方才能开始实施调查研究。此外,本项目调查研究的主题范围是有要求的,即必须是基于运用义务教育质量监测结果,在以下五个方面展开调查研究:①落实新课改的教材开发、指导方法方面;②学校图书馆的有效利用方法方面;③运用相关环境教育方面;④应对教育信息化的教师支援制度方面;⑤为了运用民间机构的想法和方法构建新的课堂教学和指导方法方面[10]。

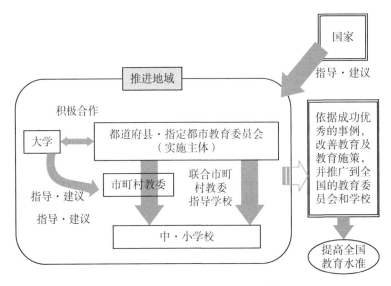

图 5-11   调查研究的模式图[11]

（五）国家层面

在国家层面，开展监测结果运用的分析研究，为国家教育政策的决策及改善提供建议。

义务教育质量监测结果运用的分析研究，是日本文部科学省自 2007 年起每年主办的固定项目。该项目是基于质量监测结果运用，侧重"对接受义务教育的学生学习状况及其生活习惯等方面的把握与改善，以及对国家和各教育委员会教育政策和施策的改善和充实"[40] 方面的分析研究。2017 年之前，项目多由文部科学省委托国立教育政策研究所或大学进行。2017 年，为了更好地对义务教育质量提高及其影响因素等方面进行多角度、多层面的，采用不同分析方法的深入细致研究，日本文部科学省出台了义务教育质量监测结果数据借出制度（以下简称数据借出制度），该制度要求国家行政机关、大学、学术研究机构等单位通过申请，说明要进行的分析研究题目及需要借出的义务教育质量监测结果相关具体数据，再按照数据借出制度的要求开展分析研究，并在规定期限内完成相关分析研究报告，该报告最终会在文部科学省网站上进行公布，以供各方学习、交流和分享。

五、日本义务教育阶段科学结果评价的特点

通过上述对日本义务教育质量监测科学情况的说明，可以看出日本义务教育阶段科学结果评价的特点。

一是，从日本义务教育阶段科学结果评价测试试题的整体情况看，全国小学六年级学生和初中三年级学生全员参加测试，测试当天就公布测试试题和答案；4 月份测试，当年 8 月份公布测试结果报告书。也就是说结果评价测试的结果能够及时反馈给包括学生在内的相关各方，这有利于有关方面针对学生学习结果进行有依据的改进指导，有利于提高学生学习效果和课堂教学质量。

二是，在测试结果报告书中对测试试题的出题意图，试题与课程标准的对应，试题结果的分析说明，教学改进的具体建议等作出详细说明。这有利于教师有依据地反思自身的教学指导方法并进行有针对性的改进，使教师教学指导与学生学习评价一致。

三是，在试题中设定了与日常生活有关的科学探究真实情境。例如，小

学有试题与冰块溶解有关,初中有试题与弹簧有关,通过科学探究活动发现规律,能够让学生真实地感受到学习科学的意义和实用性。

四是,通过表5-5和表5-6所示的小学和初中科学测试的试题构成,可以看出试题是以考查科学探究的能力为主,通过小学和初中两道大题的具体试题,可以看出试题是通过创设真实的探究情境展开科学探究过程,并据此进行对学生知识理解、技能掌握和科学探究能力的考查。

五是,义务教育质量监测结果的运用,在学生层面、教师层面、学校层面、区域层面和国家层面都能发挥相应作用,从而促进学生学习效果和课堂教学质量的提高,以及教育质量均衡。

第三节　思考与启示

2020年10月13日,中共中央、国务院印发了中华人民共和国成立以来首个专门性教育评价政策《深化新时代教育评价改革总体方案》(以下简称《总体方案》)。《总体方案》提出要"坚持科学有效,改进结果评价,强化过程评价,探索增值评价,健全综合评价",重构基于时代要求的新教育评价体系。

结果评价有利于监测教育目标的达成情况,需要不断进行改进。过程性评价是针对教育过程进行评价,其有利于避免急功近利的教育现象,所以需要进行强化。[12]在我国2022年版义务教育课程方案中,要求注重实现"教—学—评"一致性等。[13]

2020年9月,我国教育部基础教育质量监测中心组织开展了第二轮国家义务教育科学学习质量监测,其中的科学测试卷是从科学理解能力、科学探究能力、科学思维能力三方面对科学学业表现进行的测试。监测共对全国31个省、自治区、直辖市和新疆生产建设兵团331个样本县、市、区的4012所小学和2523所初中的116328名五年级学生和78856名九年级学生进行了测查(全国学生总体抽样误差控制在1.0%以内)。其结果是80.0%的五年级学生和79.5%的九年级学生科学学业表现达到中等及以上水平,15.3%的五年级学生和11.7%的九年级学生科学学业表现处于优秀水平(学生科学学业成绩从高到低依次划分为优秀、良好、中等和待提高四个水平等级)。[14]

通过对日本义务教育阶段科学过程评价与结果评价的研究,结合我国《总体方案》和《义务教育科学课程标准(2022 年版)》的要求,以及《2020 年国家义务教育质量监测——科学学习质量监测结果报告》(下称"义务教育质量监测科学报告"),对我国中小学科学教育教学评价方面提出如下思考与建议,供教育同仁研讨。

一、进一步细化科学课程标准中相关学业要求

进一步细化我国科学课程标准中的相关学业要求,有利于促进过程评价及"教—学—评"一致性的实现。

日本义务教育阶段科学的过程评价,是由日本国立教育政策研究所根据文部科学省颁布的课程标准而制定的科学课程评价标准,以单元内容为基本单位,单元教学目标就是评价标准,同时也是教学评价的依据,这种设计的目的是在单元教学过程中使教师的教学指导与学生的学习评价一体化。这是一种实现"教—学—评"一致性的可行路径,非常值得我们参考与借鉴。

我国新版课程标准要求注重"教—学—评"一致性,并增加了"学业要求和教学提示"内容,这有利于教师的课堂教学指导更加规范和有效,以及更好及有针对性地促进以评促教、以评促学。进一步细化我国科学课程标准中相关评价要求,有利于实现《总体方案》提出的强化过程评价要求,以及新版课程标准要求注重的"教—学—评"一致性。

二、进一步利用义务教育质量监测科学报告

进一步利用我国义务教育质量监测科学报告开展研究,有利于促进结果评价及义务教育的均衡且高质量发展。

义务教育质量监测为国家对义务教育现状的了解和把握提供了大量的数据信息。例如,对学生学习成果的学科测试能够反映出学生对课程标准中内容领域的基本知识与技能的掌握,以及对知识和技能的运用能力;对学生、学校的问卷调查能够反映出影响学生学习效果的生活习惯、学习环境等

要素。这些数据信息反映义务教育状况的精准程度取决于监测测试卷的题目构成框架和题目内容质量,即义务教育质量监测的顶层设计,一般来说,要有长期的积累与持续不断的改进,才能逐步形成能够精准反映实际情况的高质量监测试题。

日本义务教育质量监测报告中,对科学测试卷的试题、标准答案、学生对试题的解答,以及对教学改进的具体建议等均进行了公布,这能够使有关方面对义务教育的质量水准及均衡发展状况有一个精准的把握,明晰相关问题所在及实际情况与国家教育目标之间的差距,从而更好地为国家教育政策的决策和各教育委员会的施策,以及学校改进教学指导提供确凿的依据。

如前文所述,日本运用义务教育质量监测结果进行实践研究、调查研究和分析研究,这些研究都是围绕提高每位学生的学习效果及相关影响因素,从学校教学指导的改进、区域施策的调整、国家教育政策的决策、国家课程标准的修订等方面展开的研究,目的是为国家义务教育质量的提高与均衡发展提供有依据、可操作、有实效的具体措施,进而实现高质且均衡的国家义务教育目标。

日本义务教育质量监测的设计、结果呈现及结果运用,多角度、多层次、多方法地对国家课程实施情况进行了分析,这既有利于为国家课程改进提供有效依据,也有利于国家课程目标的高度达成,使国家、地方与学校的各级各类人员都能够为确保全国义务教育的高质和均衡发展而努力。日本义务教育质量监测工作的历史经验和已形成的监测机制非常值得我们学习和参考。建议我国义务教育质量监测科学报告能够对监测测试卷试题及答题具体情况进行更大程度的公开,有关方面也可进一步利用我国义务教育质量监测科学报告开展研究与交流,以更精准地把握各地区义务教育中存在的问题并进行精准施策,从而促进义务教育更加均衡且高质量的发展。

引用文献

[1] 孟令红编译.日本基础教育科学课程与评价[M].长春:长春出版社,2019:76-78.

[2] (日)文部科学省.国立教育政策研究所教育课程研究センター.评价基准的作成、评价の方法など工夫改善のための参考资料 小学校理科[M].东京:教育出版株式会社,2011:22.

［3］（日）文部科学省.国立教育政策研究所教育課程研究センター.「指導と評価の一体化」のための学習評価に関する参考資料　小学校理科［M］.東京:株式会社東洋館出版社,2020:28.

［4］孟令红.日本小学科学课程标准的历次修订对我国的启示［J］.全球教育展望,2016(6):66－76.

［5］（日）文部科学省.国立教育政策研究所教育課程研究センター「指導と評価の一体化」のための学習評価に関する参考資料　中学校理科［M］.東京:株式会社東洋館出版社,2020.

［6］（日）文部科学省.中学校学習指導要領（平成29年告示）［S］.東京:株式会社東山書房,2017:67－68.

［7］李协京.从日本全国学力考试看其中小学教育质量监测［J］外国中小学教育,2008(10):68－71.

［8］（日）文部科学省国立教育政策研究所.令和4年度全国学力・学習状況調査報告書小学校理科［R］.2022.

［9］（日）文部科学省国立教育政策研究所.令和4年度全国学力・学習状況調査報告書中学校理科［R］.2022.

［10］（日）全国学力・学習状況調査等を活用した学校改善の推進に係る実践研究［EB/OL］.(2014－02－17)［2022－02－20］.https://www.mext.go.jp/component/a_menu/education/micro_detail/__icsFiles/afieldfile/2014/02/17/1344291_001.pdf1.

［11］（日）全国学力・学習状況調査の結果を活用した調査研究［EB/OL］.(2011－09－07)［2022－02－20］.https://www.mext.go.jp/component/a_menu/education/detail/__icsFiles/afieldfile/2011/09/07/1310574_1.pdf

［12］中共中央国务院印发《深化新时代教育评价改革总体方案》［EB/OL］.(2020－10－13)［2024－04－20］.https://www.moe.gov.cn/jyb_xxgk/moe_1777/moe_1778/202010/t20201013_494381.html?eqid=c14fb6220005e127000000066434b53f.

［13］中华人民共和国教育部.义务教育课程方案(2022年版)［S］.北京:北京师范大学出版社,2022:4.

［14］教育部基础教育质量监测中心.2020年国家义务教育质量监测科学学习质量监测结果报告［R］,2021:1－2.

第六章　日本中小学科学的综合内容与跨学科课程

在日本,小学科学和初中科学都是一门单独学科,高中科学虽然是分科学与人类生活、物理基础、物理、化学基础、化学、生物基础、生物、地学基础、地学九个科目进行教学,但是高中科学本身也是一门学科。因此,在日本中小学科学学科之内,不存在跨学科的说法。但是,在日本中小学科学课程中有综合各领域、各部分的课程内容,例如日本初中科学课程中有综合物理和化学部分的"科学技术与人类"大单元,日本高中科学课程中有"科学与人类生活"综合科目课程。

另外,日本在最新一轮高中课程改革中新设了一门将科学与数学两学科进行跨学科整合的"科数"(日本称"理数")学科课程。"科数"学科课程包含有"科数探究基础"(日本称"理数探究基础")和"科数探究"(日本称"理数探究")两门科目课程。

本章首先对日本中小学科学课程中相关综合内容进行说明,然后再对日本高中新设的跨学科"科数"学科课程与科学探究活动进行介绍说明,最后思考我国中小学科学课程的跨学科实践可由此获得的启示。

第一节　日本中小学科学课程中的综合内容

一、小学科学课程中的综合内容

日本小学科学学科课程内容包含物理、化学、生物学、地学四部分,划分为"A物质·能量"和"B生命·地球"两个领域。日本小学科学课程标准中没有专门指出要综合不同部分内容,但是有运用"A物质·能量"领域内容知识进行"制作"活动的要求。例如,在课程指导内容注意事项中有"3年级,在指导"A物质·能量"领域内容时,要求进行三种以上的制作活动;4年级、5年级、6年级要求进行两种以上的制作活动[1]"这类具体表述。

二、初中科学课程中的综合内容

日本初中科学课程内容包含物理、化学、生物学、地学四部分,划分为第一、第二两个领域,共14个大单元。其中,"科学技术与人类"和"自然与人类"两个大单元为综合内容单元。本书所说的日本初中科学课程中的综合内容即指这两个大单元内容。

(一)初中科学课程综合内容的演变

"科学技术与人类"和"自然与人类"综合大单元在日本初中科学课程标准历次修订中的变化情况参见表6-1。

表6-1 综合大单元在历次初中科学课标修订中的变化

颁布时间 (年)	综合内容大单元		备注
	第一领域内容	第二领域内容	
1958	无	无	
1969	无	自然界的平衡与保护	课程内容共21个大单元,其中有1个综合大单元。
1977	无	自然与人类	课程内容共13个大单元,其中有1个综合大单元。
1989	科学技术的进步与人类生活 (是包含在"运动与能量"大单元之中的一个单元)	地球与人类 (是包含在"大地的变化和地球"大单元之中的一个单元)	课程内容共12个大单元,没有综合大单元,但在大单元内容中设有综合单元内容。
1998	科学技术与人类	自然与人类	课程内容共14个大单元。其中有2个综合大单元。
2008	同上	同上	同上
2017	同上	同上	同上

通过表6-1可以看出,日本初中科学课程内容中开设综合内容大单元

始于 1969 年版科学课程标准,此版课标的 21 个大单元的课程内容中,设置了一个"自然界的平衡与保护"综合大单元,该大单元内容主要侧重第二领域的生物学和地学部分的内容综合;在 1977 年版课标中,虽然课程内容大单元减少到 13 个,但仍设置了一个"自然与人类"综合大单元,其内容也是侧重于生物学和地学部分的内容综合;在 1989 年版课标中,虽然没有单独设置综合大单元,但是在"运动与能量"大单元里设有一个"科学技术的进步与人类生活"单元,在"大地的变化和地球"大单元里设有一个"地球与人类"单元;在 1998 年版课标中,在科学课程内容的第一领域、第二领域分别设置了"科学技术与人类"和"自然与人类"综合大单元,并一直保留至今。因此,目前的日本初中科学课程综合大单元内容,是经历了多次修订的经验积累之后,于 1998 年版课标修订时确定并延续下来的内容。

(二) 初中科学课程综合大单元内容

在日本初中科学课程标准中,"科学技术与人类"和"自然与人类"两个综合大单元的具体内容如下。

【"科学技术与人类"综合大单元具体内容】[2]69-70

通过对科学技术与人类之间关系的观察、实验等,指导掌握以下事项。

1. 联系日常生活和社会,在理解以下内容的同时,并能够掌握与其相关的观察、实验等技能。

(1) 能量与物质

① 能量与能源

通过对各种能量及其转换的观察、实验等,能够发现和理解在日常生活和社会中对各种能量转换的利用。另外,人类在知道从水力、火力、核能,太阳光等获得能量的同时,能够认识到能源有效利用的重要性。

② 各种各样的物质及其利用

通过对物质的观察、实验等,在理解日常生活和社会中广泛利用各种物质的同时,能够认识到物质有效利用的重要性。

③ 科学技术的发展

在了解科学技术发展过程的同时,能够认识到科学技术使人们的生活变得丰富和便利。

（2）自然环境保护与科学技术利用

① 自然环境保护与科学技术利用

通过科学考察自然环境保护和科学技术利用的现实状况，能够认识到建立可持续发展社会的重要性。

2. 对日常生活和社会中使用的能源和物质，有预测地进行观察、实验等，对其结果进行分析和解释，同时对自然环境保护和科学技术利用情况进行科学考察并作出科学判断。

【"自然与人类"综合大单元具体内容】[2]78-79

通过调查自然环境的观察、实验等，指导掌握以下事项。

1. 联系日常生活和社会，在理解以下内容的同时，掌握调查自然环境的观察、实验等相关技能。

（1）生物与环境

① 自然界的平衡

调查微生物的作用，从营养方面理解植物、动物和微生物之间的相互关联，同时能够发现并理解在自然界中这些生物的生活保持着平衡。

② 自然环境的调查与环境保护

调查身边的自然环境，了解自然界的平衡受各种因素影响，同时认识到保护自然环境的重要性。

③ 地域的自然灾害

对地域的自然灾害进行综合调查，能够认识到自然与人类之间存在的关系。

（2）自然环境保护和科学技术利用

① 自然环境保护和科学技术利用

通过科学考察自然环境保护和科学技术利用的现实状况，能够认识到建立可持续发展社会的重要性。

2. 调查身边的自然环境或地域的自然灾害等，进行观察、实验等，对自然环境保护和科学技术利用情况进行科学考察并作出科学判断。

三、高中科学课程综合内容

日本高中科学课程综合内容是指高中科学学科中的"科学与人类生活"

综合科目课程。

(一) 综合科目课程的开设情况

日本高中科学学科中的"科学与人类生活"科目课程是在 2009 年版课标中新增的,之前则在 1989 年版课标中设置了"综合理科"科目课程,在 1999 年版课标中设置了"理科综合 A"和"理科综合 B"两门科目课程,相关具体情况参见表 6 - 2。相关综合科目课程目标则参见表 6 - 3。

表 6 - 2   高中科学综合科目课程开设情况

颁布时间(年)	科目课程	综合科目课程
1960	物理 A、物理 B,化学 A、化学 B, 生物,地学	无
1970	基础理科, 物理Ⅰ、物理Ⅱ, 化学Ⅰ、化学Ⅱ, 生物Ⅰ、生物Ⅱ, 地学Ⅰ、地学Ⅱ	无
1978	理科Ⅰ、理科Ⅱ, 物理,化学,生物,地学	无
1989	综合理科, 物理ⅠA、物理ⅠB、物理Ⅱ, 化学ⅠA、化学ⅠB、化学Ⅱ, 生物ⅠA、生物ⅠB、生物Ⅱ, 地学ⅠA、地学ⅠB、地学Ⅱ	综合理科
1999	理科基础、理科综合 A、理科综合 B, 物理Ⅰ、物理Ⅱ, 化学Ⅰ、化学Ⅱ, 生物Ⅰ、生物Ⅱ, 地学Ⅰ、地学Ⅱ	理科综合 A (物理和化学领域内容) 理科综合 B (生物和地学领域内容)
2009	科学与人类生活, 物理基础、物理, 化学基础、化学 生物基础、生物, 地学基础、地学 科学课题研究	科学与人类生活

续　表

颁布时间(年)	科目课程	综合科目课程
2018	科学与人类生活， 物理基础、物理， 化学基础、化学 生物基础、生物， 地学基础、地学	同上

注:表中理科即科学,表中科目课程名称都是日语原文名称。

表6-3　高中科学综合科目课程目标[3]~[6]

颁布 (年)	综合科目 课程名称	学分	综合科目课程目标	备注
1989	综合理科	4	通过对自然事物和现象的观察、实验以及对自然环境的调查等,培养对自然的综合看法、想法,同时谋求对自然事物和现象的理解,以认识人与自然的关系。	
1999	理科综合 A	2	通过对自然事物和现象的观察、实验等,以能量和物质的构成为中心,使人们了解自然事物和现象,同时考察人与自然的关系,培养对自然的综合看法、想法。	主要是物理和化学领域内容的综合。
	理科综合 B	2	通过对自然事物和现象的观察、实验等,以生物及其周围的环境为中心,使其了解自然事物和现象,同时考察人与自然的关系,培养对自然的综合看法、想法。	主要是生物学和地学领域内容的综合。
2009	科学与人类生活	2	通过对身边事物和现象的观察、实验等,了解自然与人类生活的关系以及科学技术在人类生活中所起的作用,培养科学的看法、想法,同时加强对科学的关心和兴趣。	
2018	科学与人类生活	2	运用科学的看法、想法,对自然事物和现象有预测地进行观察、实验等,以培养科学探究自然事物和现象所必需的素质和能力。 1. 加深对自然与人类生活的关系以及科学技术与人类生活的关系的	

续　表

颁布 （年）	综合科目 课程名称	学分	综合科目课程目标	备注
			理解，掌握科学探究所必需的观察、实验等相关技能。 2. 进行观察、实验等，培养与人类生活相关的科学探究的能力。 3. 积极参与与自然事物和现象相关的活动，培养科学探究的态度，加强对科学的兴趣和关心。	

　　通过表 6-2 和表 6-3 可以看出，日本高中科学综合科目课程的设立，与初中科学课程综合大单元内容的确立过程是类似的，也是经历了多次修订获得经验积累之后才确定并保持下来的内容。综合科目课程目标在历次修订过程中的变化，由注重自然与人类的关系（如 1989 年版），到注重自然、科技与人类生活的关系（如 2009 年版、2018 年版）；由注重对科学方法、科学兴趣的培养（2009 年版），到注重培养科学探究的能力和态度，培养进行科学探究所必需的知识与观察、实验等相关技能等（如 2018 年版），2018 年版的综合科目课程目标与高中科学学科课程目标的表述一致。此外，历次修订中一直不变的是对科学学科特色观察、实验的重视。

（二）"科学与人类生活"综合科目课程

　　日本高中科学学科中的"科学与人类生活"综合科目课程目标为"参与与自然事物和现象相关的活动，运用科学的看法、想法，对自然事物和现象进行有预测的观察、实验等，以培养学生科学探究自然事物和现象所必需的素质和能力"。

　　1. 加深对自然与人类生活的关系以及科学技术与人类生活的关系的理解，掌握科学探究所必需的观察、实验等相关技能。

　　2. 进行观察、实验等，培养与人类生活相关的科学探究的能力。

　　3. 积极参与与自然事物和现象相关的活动，培养科学探究的态度，加强对科学的兴趣和关心。

　　"科学与人类生活"综合科目课程内容，由科技发展、人类生活中的科学、未来科学与人类生活三个大单元内容构成，具体如下。

1. 科技发展。

关于科学技术的发展,指导学生掌握以下事项。

(1) 理解科技发展对当今人类生活的贡献。

(2) 科学考察和表达科技发展与人类生活的关系。

2. 人类生活中的科学。

对身边的自然事物和现象,以及日常生活和社会中被利用的科学技术,进行观察、实验等,指导学生掌握以下事项。

(1) 在加深对光和热的科学、物质科学、生命科学、宇宙和地球科学与人类生活的关系的认识的同时,掌握对其进行观察、实验等的相关技能。

1) 光和热的科学

① 光的性质及其利用

进行有关光的观察、实验等,理解以光为中心的电磁波的性质及其利用与日常生活的关系。

② 热的性质及其利用

进行有关热的观察、实验等,理解热的性质、能量的转换和守恒及其有效利用与日常生活的关系。

2) 物质科学

① 材料及其再利用

对身边的材料进行观察、实验等,理解金属和塑料的种类、性质、用途,及资源的再利用与日常生活的关系。

② 服装和食品

对衣料和食品进行观察、实验等,理解身边衣料材料的特性、用途,以及食品中主要成分的性质与日常生活的关系。

3) 生命科学

① 人的生命现象

对人的生命现象进行观察、实验等,理解人的生命现象与人类生活的关系。

② 微生物及其利用

对微生物进行观察、实验等,理解微生物的作用与人类生活的关系。

4）宇宙和地球科学

① 太阳和地球

对天体进行观察、实验等,理解太阳等在身边可以看到的天体的运动和太阳的辐射能与人类生活的关系。

② 自然景观与自然灾害

对自然景观和自然灾害进行观察、实验等,理解身边自然景观的构成和自然灾害与人类生活的关系。

（2）关于光和热的科学、物质科学、生命科学、宇宙和地球科学,能够发现问题,有预测地进行观察、实验等,科学地分析和表达它们与人类生活的关系。

3. 未来科学与人类生活

在学习自然与人类生活的关系及科学技术与人类生活的关系的基础上,通过设定课题进行探究,指导学生掌握以下事项。

（1）加深对未来科学与人类生活的关系的认识。

（2）科学地分析和表达未来科学与人类生活的关系。

总之,日本 2018 年版高中科学"科学与人类生活"综合科目课程的目标和内容表述与高中科学学科的目标和内容表述形式是一致的,只是综合科目课程的具体内容领域侧重在自然、科技与人类生活的关系上。[6]129-130

第二节　日本高中"科数"跨学科课程与科学探究

一、"科数"课程与科学探究

日本在 2018 年高中科学教育课程改革中将科学与数学进行跨学科整合,新设了"科数"学科。该学科课程包含有"科数探究基础"和"科数探究"两门科目课程。"科数"学科课程的新设,再次体现了日本科学课程改革对科学探究的重视。

（一）"科数"课程的设置背景及过程

在 PISA 2015 中,日本学生数学素养和科学素养的平均得分都很高,但对学习数学和科学的乐趣和意义等问题给出积极回答的比例很低,而且该比例有随学生求学阶段上升而下降的趋势。

而探究性学习对提高学生学习兴趣和掌握知识、技能,以及培养学生思考力、判断力、表现力等方面是有效的。在2007~2008年的第七次教育课程改革时,在高中数学和高中科学学科课程中设定了以探究性学习为核心的"数学活用"和"科学课题研究"科目课程,但由于教师不知道如何进行指导等原因,这两门科目课程的实际开设率极低。

有关方面希望能运用"创新"来解决当前面临的许多问题,而"创新"往往是通过对多种学问领域的知识综合而产生的,是由突破习惯和常识的灵活思考和崭新想法而带来的。为了能够培养出创新人才,有必要让学生在掌握学科的基本素质和能力的同时,还掌握对与科学和数学相关的综合性问题的思考能力。

为此,从重视创造性、挑战性、综合性和融合性等角度,整合了高中数学"数学活用"和高中科学"科学课题研究"科目课程,新设了重视探究学习的"科数"学科课程。其目的是希望能够结合科学思维和数学思维,通过探究学习整合科学和数学相关问题的学术研究,培养学生解决问题所需要的综合素质和能力,进而培养出具有丰富创造性的创新人才。

日本高中"科数"跨学科课程的设立经历了从1989年至2018年四次修订的循序渐进过程,科学探究是其切入点。在1989年版课标中,开始在课程内容每个大单元的结尾设置"科学探究活动"单元;在1999年版课标中,增设了"科学课题研究"大单元内容;在2009年版课标中,增设了"科学课题研究"科目课程;在2018年版课标中,新设了"科数"跨学科课程。如此,历经了近三十年的单元内容→大单元内容→科目课程→跨学科课程实践过程,这也是从尝试到正式创设课程的过程,在此期间,有关方面一直突出对科学探究的重视,以及运用科学探究进行科学学习和开展课题研究。

(二)"科数"课程目标

日本高中"科数"学科课程目标为:关注各种各样的事象,运用数学与科学的看法、想法的结合,通过探究的过程,培养解决课题所必需的素质和能力。

（1）掌握为了探究各种事象所必需的知识和技能；

（2）捕捉复杂（多角度的、综合的）事象，设定与数学和科学有关的课题进行探究，在培养课题解决能力的同时，提高创造能力；

（3）面对各种各样的事象、课题，能够进行持续思考并付诸行动，培养积极挑战、解决问题和创造新价值的态度，培养通过不断反思探究过程而评价和改善此过程的态度，以及秉承相关伦理道德的态度。

"科数"学科课程包含"科数探究基础"和"科数探究"两门科目课程。"科数学探究基础"科目课程是培养学生掌握自己完成整个探究过程的基本知识和技能，理解、挑战创造新价值的意义，培养学生主动探究的能力和态度等的一门课程。"科数探究"科目课程是培养学生活用在"科数探究基础"课程中掌握的能力，通过对自己设定的课题进行自主探究，从而进一步提高这些探究能力的一门课程。在"科数探究"课程中，学生要根据自己的知识、好奇心、兴趣、关注点来设定课题，在探究过程中更注重挑战性、创新性等，因此该课程更加突出培养学生的主动性和挑战性。[7]6-7

（三）"科数"课程内容

日本高中"科数"课程通过科学探究展开学习和课题研究，培养学生自主科学探究能力，为其大学学术研究打下基础。同时，在小初高科学中的科学探究能力培养也为高中"科数"学习打下了基础。这样，就在中小学进行了连续的科学探究能力培养，这有利于学生创新思维和创造力的培养。

如上述，"科数"学科课程包含"科数探究基础"和"科数探究"两门科目课程。这两门科目课程的内容要求都是在有关自然和社会的事象、尖端科学上，以及学术领域、自然环境、科学技术、数学五大领域内，但是，二者就某一内容领域内研究课题的侧重点是不同的，具体参见表6-4。

表6-4   "科数探究基础"和"科数探究"科目课程课题[7]24-27,31-38[8]

内容领域	"科数探究基础"课题	"科数探究"课题
有关自然和社会的事象	● 关于钟摆性质的探究 ● 关于自由落体运动的探究 ● 关于中和反应中 pH 变化的探究 ● 关于合金性质和成分的探究 ● 关于种子发芽率的探究	● 关于钟摆运动的探究 ● 关于物质成分提取和分离方法的探究 ● 关于光合成速度的探究 ● 关于计算机病毒扩散过程的探究

续　表

内容领域	"科数探究基础"课题	"科数探究"课题
	● 关于发酵速度的探究 ● 对生物中物理行为的探究 ● 对断层运动进行推断的探究 ● 关于决定公共设施最适合安装场所的方法的探究	
有关尖端科学和学术领域	● 关于磁浮列车的探究 ● 对太阳能电池、LED 等感光元件相关技术的探究 ● 关于污水处理方法的探究 ● 关于运动和身体生理变化关系的探究 ● 关于防灾的探究 ● 关于机器学习的探究	● 关于乐器声音的探究 ● 关于铜树生长规律的探究 ● 关于用 DNA 判定品种的探究
自然环境	● 关于地域的自然环境和人类生活关系的探究 ● 关于叶的单位面积的质量和生长环境关系的探究 ● 关于天气的探究 ● 对河源石砾的探究 ● 关于自然辐射的探究	● 关于利用身边环境发电的探究 ● 关于地域的自然环境和人类生活关系的探究 ● 关于水质净化的探究
科学技术	● 关于游乐园游乐设施运动的探究 ● 关于市售电池的种类、构造及特性的探究 ● 关于测定器的探究	● 关于空气中的升力和抵抗力的探究 ● 关于高分子化合物、染料、洗涤剂等的合成的探究 ● 关于 DNA 提取方法的探究
数学	● 对单位分数的循环位数的探究 ● 关于三角形重心、垂心、外心、内心及其性质的探究	● 关于 a^6 的性质探究 ● 关于金平糖角的形成过程的数理模型的探究

以"有关尖端科学和学术领域"领域为例，说明"科数探究基础"科目课程与"科数探究"科目课程要求侧重的不同。在"科数探究基础"科目课程中，"关于磁浮列车的探究"课题的内容，主要是利用线圈和磁铁制作磁浮列车模型，对向线圈提供的电流和车体获得的推动力大小及车速等进行探究；"对太阳能电池、LED 等感光元件相关技术的探究"课题的内容，是调查与太阳能电池、LED、有机 EL（电子发光器件）等有关的尖端技术，并通过用它们

制作的某种装置,探究其特性及应用的方法,同时针对太阳能电池、LED灯等在社会中的效能建立成本等相关数学模型并进行探究;"关于机械学习的探究"课题的内容,主要是探究与人工智能发展有关的机器学习的原理,以及与机器学习相关联的贝叶斯统计。

在"科数探究"科目课程中,"关于乐器声音的探究"课题的内容,是对于常规乐器或玻璃杯琴等的构造和发出的声音的高低,使用高速照相机或感知振动的仪器进行实验,探究其构造等;"关于铜树生长规律的探究"课题的内容,是探究铜树在一定条件下同时大量生长时的生长规律,并用数学方法表达;"关于用DNA判定品种的探究"课题的内容,是从不同品种的水稻中提取DNA,探究利用DNA进行水稻品种判别的方法。

"科数探究"科目课程比"科数探究基础"科目课程的探究要求更高和更深入一些,其要求通过多角度和复合角度开展科学探究学习。为提高探究质量,"科数探究"科目课程在进行探究时,主要是通过讨论和交换意见来回顾探究过程,以更好进行批判性反思,检讨各自的探究过程;课程会设定多次意见发表机会,例如,在探究过程的各环节发表、总结发表、海报发表、研究报告等;不仅师生之间、生生之间可以互相讨论和交换意见,学生与专家之间也有机会讨论和交换意见,以共同探讨探究内容、方法是否存在问题,并寻找问题的解决或改善方法。总之,有关方面希望学生能在自己感兴趣的内容中确定课题并进行自主探究,能对所进行的探究进行持续思考并付诸行动,能通过循序渐进、持续不断的探究学习和研究,培养坚强意志和强大自信,为解决问题、创造新价值而积极挑战的态度,以及能够更好地面对未来的信心。[2][3]

在"科数探究基础"科目课程中,要根据学生的个性和实际情况,使学生掌握使用实验、调查、统计处理等方法进行探究所必需的知识和技能。另外,通过实施探究等活动,让学生再次确认课程中学习的知识、技能、看法、想法的意义,进而发现新的意义,并与其他学生一起考虑探究的方法,促使其养成长期的致力于探究的态度。

在"科数探究"科目课程中,一般由个人或小组设定课题进行自主探究,并将结果汇总发表。课题围绕数学和科学相关事象为中心进行选择和设定,探究方法需要基于数学或科学的看法、想法。课题有中间发表环节,这有利于一边确认中途进展,一边继续探究工作。最后,需要总结探究过程和结果,撰写成报告书,并进行发表等系列活动,这也是培养学生主动探究的能力和态度的一个途径。

二、"科数"课程实施与科学探究

日本高中"科数"学科课程中的科学探究活动,与高中科学中要求的科学探究活动一致,只是在课题的对象范围上比高中科学有所扩大,同时相应科学探究过程更加完整,并更加强调自主探究和合作、协同意识等。课程强调让学生亲身体验并完成课题研究的整个探究过程,即包括课题设定、假设设定、验证计划制定、计划实施、结果记录,乃至结果的整理、分析、总结的整个过程。学生通过亲身体验真实探究过程,能够从中产生自己的想法,并能对他人的观点产生有依据的质疑,以及更理性地提高自己的兴趣。

而在"科数"学科课程内部,"科数探究"课程与"科数探究基础"课程具有相同的研究领域甚至研究课题,但是,"科数探究"的课程要求要比"科数探究基础"更高一些。下面通过具体案例来说明"科数探究基础"课程在实际教学中的落实情况。

(一)"科数"课程的实施计划

不论是"科数探究基础"科目课程,还是"科数探究"科目课程,都制订有课程实施计划,明确了一个学年的时间内完成 70 课时的详细和清晰的教学指导计划。整体是围绕科学探究过程组织具体科学探究学习活动,落实课程标准要求,对一线教师的实际教学具有很好的指导和示范作用,"科数探究基础"和"科数探究"科目课程的实施计划分别参见表 6 - 5 和表 6 - 6。

表 6-5　"科数探究基础"科目课程实施计划[9]93

探究过程	学习活动	课时
课程入门(第 1 课时)	● 日程的确认 ● 有关探究意义的确认 ● 有关探究过程的确认 ● 有关研究伦理的确认	1

续　表

探究过程		学习活动	课时
课题的设定 (第 2～11 课时)	对自然事象的注意	● 提取疑问 ● 调查先行研究	3
	课题的设定	● 疑问的焦点化 ● 课题的设定	5
	课题的设定的回顾	● 自评	2
课题解决的过程 (第 12～51 课时)	假设的设定	● 课题解决的预想 ● 假设的设定 ● 设定的假设焦点化	4
	验证计划的方案	● 解决问题策略方案与 　模型化 ● 验证方法的创意 ● 验证条件的控制	4
	观察、实验、调查的实施	● 观察、实验器具等的 　准备 ● 观察、实验、调查的 　实施 ● 数据的收集与记录 ● 验证计划的修改与完善	31
	课题解决过程的回顾	● 自己评价	1
分析推论 (第 52～62 课时)	结果的处理	● 数据的整理与处理 ● 结果的分析	6
	推论	● 结果的妥当性研讨 ● 假说是否成立的判断 ● 新课题的发现	4
	分析、推论的回顾	● 自己评价	1
发表 (第 63～69 课时)	发表	● 研究伦理的确认 ● 发表方法的研讨 ● 探究过程的整理 ● 报告书的撰写 ● 发表资料的制作 ● 成果发表	6
	发表的回顾	● 自评	1
总结(第 70 课时)		● 一年内的活动回顾	1

表 6-6 "科数探究"科目课程实施计划[9]109-110

探究过程	学习活动	课时
1. 课题设定、假设设定（第 1~9 课时）	● 参考先行研究等,在自己关心的领域和内容里找出课题。 ● 调查先行研究等,整理自己关心的领域和内容里已经明确的事情。	4
	● 与关心同一领域和内容的学生交换意见,并和老师进行讨论,明确要探究的课题。 ● 在之前学习的基础上,根据自己关心的领域或内容设定课题。	5
2. 制定验证计划（第 10~15 课时）	● 根据是否可以进行验证,建立将要进行探究的假设。 ● 根据研究伦理制定验证计划。	4
	● 将数学的看法、想法与科学的看法、想法进行整合,修改和完善验证计划,使其具有可执行性。 ● 根据教师的指导、建议,进一步修改和完善验证计划。	2
3. 观察、实验、调查的实施与考察（第 16~30 课时）	● 掌握进行观察、实验、调查的技能。（模型和数学模型的利用,模拟,数据分析,数值分析等）。 ● 使用数学方法和科学方法等,完成探究过程。	7
	● 在进行观察、实验、调查的同时,分析和处理得到的结果。利用图表进行总结以方便理解。 ● 考虑探究结果与先行研究成果的异同点。	8
4. 中期总结、发表（第 31~33 课时）	● 回顾探究过程,明确已经完成了计划的哪些任务,并进行确认、整理,以明确以后需要完成的任务。 ● 确认发表资料,及是否已运用研究伦理进行检查。	2
	● 在发表会上发表海报。	1
5. 验证计划的修改、探究活动的继续（第 34~57 课时）	● 根据发表会上提出的意见和感想,回顾已完成的探究过程环节。 ● 根据回顾的内容,确定下一步如何进行探究。	2
	● 掌握进行观察、实验、调查的技能。（模型和数学模型的利用,模拟,数据分析,数值分析等）。 ● 使用数学方法和科学方法等,完成探究过程。	9

续　表

探究过程	学习活动	课时
	● 在进行观察、实验、调查的同时,分析和处理得到的结果。利用图表总结方便理解。	11
	● 掌握观察、实验、调查结果的相似点和不同点,然后进行分析,并思考能够说明什么。	2
6. 最终的总结、发表(第58～70课时)	● 总结迄今为止的探究成果,恰当地进行表达。 ● 探究成果的总结要将研究结果和基于结果得出的结论分别撰写,并注意其中的逻辑性。	7
	● 根据其他学生的指正和教师的指导建议,设法改善成果总结。 ● 总结探究成果时,用日语和英语撰写摘要。 ● 用研究伦理检查探究过程。	4
	● 通过文字和口述说明探究的内容。	1
	● 回顾探究的过程,进行面向下一个探究的考察。	1

(二)"科数"课程中的科学探究活动

对于"科数"学科课程中的科学探究活动实施,以"科数探究基础"科目课程中的"探究中和反应中 pH 变化"活动[9]6-70 为例进行说明。

☆"探究中和反应中 pH 变化"活动
【探究活动目标】

1. 总结探究的结果,掌握结果发表的基本技能。

2. 多角度和复合地捕捉事件,总结探究的结果,培养表达能力。

3. 培养以智慧的好奇心面对各种各样的现象和课题,有毅力地将思考付诸行动,勇于向课题的解决积极地挑战的态度。

【探究活动指导计划】

课时	学习活动目标
第 1、2 课时	■ 课题的设定 ● 进行在盐酸、醋酸等酸的水溶液中加入碱性水溶液的中和实验。

续　表

课时	学习活动目标
	● 进行在酸的水溶液中加入氢氧化钠水溶液的实验,掌握测定 pH 的技能。 ● 根据实验数据,制作表示 pH 变化的图表。 ● 设定含有酸的身边的水溶液(如乳酸饮料、黑醋饮料、运动饮料等)的 pH 值如何变化的课题并进行预测(以黑醋饮料和食醋为例)。
第 3、4 课时	■ 课题解决的过程 ● 进行向黑醋饮料和食醋中加入氢氧化钠水溶液的实验,调查 pH 如何变化,制作表示 pH 变化的曲线图。 ■ 分析、考察、推论 ● 将表示黑醋饮料和食醋 pH 变化的曲线图与之前制作的盐酸、醋酸等的 pH 变化曲线图进行比较,发现不同或相似之处。 ● 针对设定的课题,在探究活动中记述探究的目的、假设、方法、结果、分析、考察、推论、新课题、参考文献等。
第 5 课时	■ 表达 ● 根据在探究过程中记录的内容,总结探究的结果,通过制作海报进行恰当的呈现。
第 6 课时	■ 表达、回顾 ● 在海报发表中,在对研究内容进行问答的同时,将回顾探究活动时发现的新课题记录下来。

【探究活动的报告书】

黑醋饮料等的 pH 变化的探究

——醋酸和食用醋有什么不同?

● **前言**

【研究的动机】

知道黑醋饮料和食用醋里都含有酸,但是,对其加入 NaOH 的水溶液时 pH 是如何变化的产生了兴趣。

【研究的目的】

调查把 NaOH 的水溶液加入到黑醋饮料或食用醋里时 pH 的变化。

【结果的预测】

因为黑醋饮料和食用醋里都含有醋酸,所以,预测应该与醋酸具有同样的 pH 变化。另外,预测黑醋饮料还应该含有与醋酸不同的其他酸。

● **使用的试剂、器具与方法**

【酸的水溶液】

0.10 mol/L 盐酸　0.10 mol/L 醋酸　10 倍稀释的食用醋　A 厂制黑醋饮料　B 厂制黑醋饮料

使用移液管将上述 5 种溶液分别取 10.0 mL,分别放入 100 mL 的锥形烧杯。

【pH 记录仪和磁力搅拌器】

准备下图中的 pH 记录仪进行记录 pH 值,用磁力搅拌器进行搅拌。

【滴入氢氧化钠水溶液】

使用吸量管把三角烧瓶中的 0.10 mol/L 的 NaOH 水溶液每次取 0.5 mL 滴入装有酸的锥形烧杯中,记录每次滴入时的 pH 值。

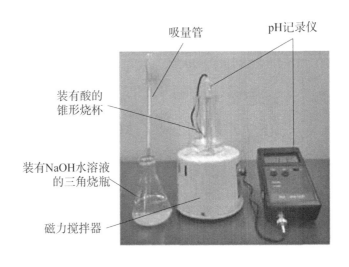

● 结果

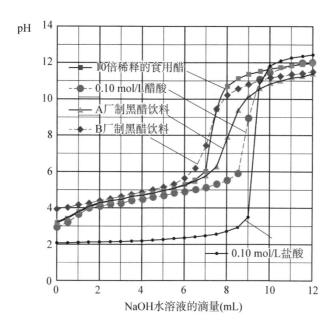

● 分析

——比较盐酸、醋酸的 pH 曲线，可以看出黑醋饮料和 10 倍稀释的食用醋，都与醋酸的 pH 曲线非常相似。

→食用醋和黑醋饮料都含有的酸，主要是醋酸。

——加入足够量的 NaOH 水溶液，2 种黑醋饮料的 pH 都没有超过 12。

→黑醋饮料里含有醋酸以外的酸的成分，可以看出它的影响。

——中和 B 厂制黑醋饮料所需的 NaOH 水溶液的量与 10 倍稀释的食用醋是基本相同的。

→可以看出 B 厂制黑醋饮料里所含的酸的量是食用醋的 1/10 的程度。

● 新的课题

——黑醋饮料里，是否还含有醋酸以外的酸的成分？

——往黑醋饮料里只加入醋酸进行反复实验,弄明白黑醋饮料里各种成分的作用。

●参考文献

食品成分数据库 https://fooddb.mext.go.jp 2021 年 2 月 2 日阅览

通过学生完成的《黑醋饮料等的 pH 变化的探究》报告书,能够了解学生如何根据自己的兴趣发现问题,做出假设,制订实施计划,记录实验结果,进而分析实验结果得出结论,同时又从中产生新的思考和发现新问题,再进行进一步科学探究的整个过程。

第三节　思考与启示

我国《义务教育课程方案(2022 年版)》(以下简称《方案》)指出,要设立跨学科主题学习活动,加强学科间相互联系,带动课程综合化实施,强化实践性要求。并要求各门课程用不少于 10% 的课时设计跨学科主题学习。

日本在 2018 年普通高中教育课程改革中,整合高中科学和高中数学学科课程,新设了一门"科数"跨学科课程,下面就此对我国中小学跨学科课程及实践提出一点思考与建议,供同仁们研讨。

一、找准跨学科课程的切入点和主题

找准跨学科课程的切入点和相关主题,有利于跨学科课程的开发。

学科整合是建立两个或两个以上学科之间有意义、有价值的联系,并以此为纽带将学科进行融合,进行课程开发。跨学科切入点是设计跨学科课程的关键,而基于相关主题融合多个学科课程,则有利于开发跨学科课程,实现跨学科课程目标。只有掌握了各学科的思想方法,进而融会贯通,才能进入跨学科思考的层次。[10]

日本新设的"科数"跨学科课程,是以科学探究为切入点,并且,明确了进行科学探究的课题研究主题,其课程目标明确。确定的课程主题、课程实施计划、课程实施具体案例等课程和教学资源,对课程的理解和实施,以及对教师指导和学生学习都具有非常强的指导作用。这些资源还能让教师知道如何在实际教学中将课程理念转化为教学行为，有利于课程目标的高度达成。

我国《方案》中对跨学科课程提出了要求，但是并没有明确跨学科主题具体是什么，这需要教师们在跨学科实践活动中自主研发。在没有明确跨学科课程的情况下开展跨学科实践活动，会给教师开展教学指导与学生学习带来一定的难度，可能影响对《方案》要求的有效落实。因此，建议有关方面在进行跨学科实践之前，先根据《方案》要求确定一定范围的课程主题，然后再在具体实施过程中让各学校根据实际情况，自主研发这些主题之外的适合本学校的课程主题，这有利于进行跨学科实践的交流分享和相互学习，逐步地完善跨学科课程。此外，为了更好地研发跨学科课程，需要找准跨学科课程的切入点，例如，科学探究和社会实践可以确定一定范围的主题（如环境保护、健康等领域有利于进行跨学科探究的主题），可以开发方便大家进行交流分享和互相借鉴的共同主题，也可以开发具有各地区特色的主题。

二、设立跨学科课程需要一个长期过程

跨学科课程的设立是建立在长期实践和经验积累基础上的。成功有效的课程改革从来不是对原有课程的完全重建，而是在了解已有课程实施中的优势与困境的基础上，结合形势发展的需要，循序渐进地展开改革。对跨学科课程的尝试不是对既有课程的彻底颠覆，而是在原有课程基础上进行的渐进改良和整合。

我国当前基于问题情境的教学改革，虽然也培养了学生综合实践能力和创新意识，但大多数是基于某一学科来展开，与跨学科课程并不完全相同。[11] 日本的跨学科课程相对更为综合，但是如他们的"科数"跨学科课程是经历了从1989年版至2017年版的四次课程改革才设立的，其间经历了由新设"探究活动"单元内容到新设"科学课题研究"大单元，再新设"科学课题研究"科目课程，最后才新设"科数"跨学科课程的近四十年的不断实践和积累。因此，我们也做好打长期战的准备，要积累实践经验，在不断克服难题的同时，逐步改进和完善我们的跨学科课程和实践。因此，建议国家、地方和学校各个层面都有各自的跨学科主题研究，在一定时间的积累后，有关方

面能够出台具体的跨学科课程或主题,进而更好地培养出创新人才。

引用文献

［1］（日）文部科学省. 小学校学習指導要領（平成 29 年告示）［S］,東京:株式会社東洋館出版社,2017:97,101,105,109.

［2］（日）文部科学省. 中学校学習指導要領（平成 29 年告示）［S］. 東京:株式会社東山書房,2017.

［3］（日）文部省. 高等学校学習指導要領（平成元年 3 月）［S］. 東京:大蔵省印刷局,1989:67.

［4］（日）文部省. 高等学校学習指導要領（平成 11 年 3 月）［S］. 東京:大蔵省印刷局,1999:70 - 73.

［5］（日）文部科学省. 高等学校学習指導要領（平成 21 年告示）［S］. 東京:株式会社東山書房,2009:46.

［6］（日）文部科学省. 高等学校学習指導要領（平成 30 年告示）［S］. 東京:株式会社東山書房,2018.

［7］（日）文部科学省.（平成 30 年告示）高等学校学習指導要領解説　理数編［M/OL］. 2018.［20240420］. https://www. mext. go. jp/content/1407073_12_1_1_2. pdf.

［8］张悦,三石初雄,李淑文. 从新设学科"理数"看日本高中课程改革的新特点［J］. 课程教材教法,2020(2):139 - 143.

［9］（日）文部科学省. 国立教育政策研究所教育課程研究センター.「指導と評価の一体化」のための学習評価に関する参考資料　高等学校理数［M/OL］. 2022.［20240420］. https://www. nier. go. jp/kaihatsu/pdf/hyouka/r040208 _ hig _ risuu. pdf.

［10］李祖祥. 主题教学:内涵、策略与实践反思［J］. 中国教育学刊. 2012,(9):52 - 56.

［11］于国文,曹一鸣. 跨学科教学研究:以芬兰现象教学为例［J］. 外国中小学教育,2017(7):57 - 63.

参考文献

［1］阿瑟 A 卡琳，乔尔 E 巴斯，特丽 L 康坦特. 教作为探究的科学[M]. 北京：人民教育出版社，2008.

［2］陈莉. 美国 FOSS 教材的编写特点[J]. 中小学教师培训，2011(6)：62～64.

［3］崔允漷，郭华，吕立杰，等. 义务教育课程改革的目标、标准与实践向度(笔谈)①——《义务教育课程方案和课程标 2022 年版》解读[J]. 现代教育管理，2022(9)：6-19.

［4］崔允漷，夏雪梅. "教-学-评一致性"：意义与含义[J]. 中小学管理，20013(1)：4-6.

［5］丁丽云. "教学评一体化"实施过程中的问题及其解决对策[J]. 中国教育学刊，2018(3)：66-68.

［6］多诺万，布兰思福特等. 学生是如何学习的：课堂中的科学[M]. 宋时春，译. 桂林：广西师范大学出版社，2011.

［7］高凌飚，钟媚. 过程性评价概念、范围与实施[J]. 上海教育科研，2005(9)：12-14＋59.

［8］高凌飚. 关于过程性评价的思考[J]. 课程教材教法，2004(10)：15-19.

［9］郭华. 落实学生发展核心素养突显学生主体地位——2022 年版义务教育课程标准解读[J]. 四川师范大学学报(社会科学版)2022(7)：107-115.

［10］郭玉英，姚建欣. 美国《新一代科学教育标准》述评[J]. 课程教材教法，2013(8)：118-127.

［11］郭玉英. 学生的科学探究能力：国外的研究及启示[J]. 课程教材教法，2005(7)：93-96.

［12］韩思思，罗莹. 科学教育研究新进展：美国新一代科学教育测评[J]. 课程教材教法，2019(6)：131-137＋30.

［13］胡凤娟，吕世虎，王尚志. 深度理解《普通高中课程方案(2017 年版)》[J]. 数学教育学报，2018(1)：1821.

［14］胡卫平等. 中小学理科教材难度国际比较研究 小学科学卷[M]. 北京：教育科学出版社，2016.

［15］姜艳华. 试论过程性评价与结构性评价的同一[J]. 当代教育论坛(学科教育研究)，2007(4)：52-53.

［16］角屋重树. 日本小学科学课的学习指导与评价[M]. 孟令红，译. 南京：江苏教育出版社，2008.

［17］李春密等. 中小学理科教材难度国际比较研究 初中物理卷[M]. 北京：教育科学出版社，2016.

［18］李红菊，刘恩山. 基础教育理科课程中科学探究概念的研究[J]. 生物学通报，2012

(1):32-35.

[19] 李红菊,刘恩山.中小学生物学课程中生态学重要概念的筛选及表述[J].生物学通报,2010(10):31-34.

[20] 李佳涛,王玉洁,崔鸿.英国小学科学质量监测试题的特点及其启示[J].教学与管理,2017(3):57-59.

[21] 李婷婷,王秀红.从新订《学习指导要领》看日本小学理科课程改革新趋势[J].外国中小学教育,2018(3):73-80+50.

[22] 李婷婷,王秀红.日本新一轮基础教育课程改革新动向——文部科学省"学习指导要领"(2017)述评[J].外国教育研究,2019(3):103-116.

[23] 李西营,马志颖,申继亮.中学科学教科书中科学探究评价指标体系的构建[J].教材教法,2019(10):124-130.

[24] 李西营,张红洋,张竞扬,等.八年级物理教材中问题水平和科学词汇量的分析与比较[J].中学物理教学参考,2019(9):6-8.

[25] 李西营.中学科学教材评价:科学探究主题[M].北京:科学出版社,2016.

[26] 李协京.日本如何监测义务教育质量[N].中国教育报,2008-11-25(4).

[27] 廖伯琴,左成光,苏蕴娜.国际中学科学教材实验内容难度比较——以高中物理为例[J].全球教育展望,2017(4):23-29+108.

[28] 廖伯琴等.中小学理科教材难度国际比较研究　高中物理卷[M].北京:教育科学出版社,2016.

[29] 林青.中日高中生物教材"探究活动"设计的比较研究[J]教育理论与实践,2018(8):37-40.

[30] 刘恩山,张颖之.课堂教学中的生物学概念及其表述方式[J].生物学通报,2010(7):40-42.

[31] 刘恩山.中学生物学教学中概念的表述与传递[J].中学生物学,2011(1):3-5.

[32] 刘思研,杨培禾.美国科学教材 FOSS、STC、INSIGHTS 比较分析[J].基础教育,20211(12):97-102.

[33] 刘占兰.加拿大小学科学教育对我们的启示[J].课程·教材·教法.2006(12):85-89.

[34] 美国国家科学基金会教育与人力资源部中小学及校外教育处.探究——小学科学教学的思想、观点与策略[M].罗星凯,李萍昌,吴娴,等,译.北京:人民教育出版社,2003.

[35] 美国国家研究理事会科学、数学及技术教育中心,《国家科学教育标准》科学探究附属读物编委会.科学探究与国家科学教育标准——教与学的指南[M].2版.罗星凯,张琴美,吴娴,等,译,北京:科学普及出版社,2010.

[36] 孟令红主编.小学科学基本观察和实验指南[M].北京:科学出版社,2018.

[37] 孟令红.加强科学课程的小初高一体化设计——日本基础教育科学课程修订的启示[J].基础教育课程,2020(11):73-80.

[38] 孟令红编著.小学科学探究式教学指南[M].北京:科学出版社,2020.

[39] 孟令红编著.小学科学探究式教学课例研究[M].北京:科学出版社,2023.

[40] 彭征,李晓梅,李春密.国际初中物理教科书中对不同知识主题的侧重——以中、俄、

德、法四套教科书为例[J].课程教材教法,2014(3):119 - 124.

[41] PADILLA M J.科学探索者:科学探究[M].华曦,华佳,译.杭州:浙江教育出版社,2006.

[42] 闫蒙钢,朱小丽,孙影.美国教材与我国小学科学教材的比较[J].比较教育研究,2009(2):68 - 72.

[43] 史宁中,孔凡哲,严家丽,等.十国高中数学教材的若干比较研究及启示[J].外国教育研究,2015(10):106 - 116.

[44] 首新,胡卫平,林长春,等.小学科学教科书"科学探究"设计的微观发生法比较——以中美日三国"磁"内容为例[J].湖南师范大学教育科学学报,2017(9):35 - 42.

[45] 宋词.学教评一致性的课堂实践困境与突破[J].当代教育科学,2018(10):22 - 26.

[46] 王晶莹.科学探究论[M].上海:华东师范大学出版社,2011.

[47] 王晶莹,郭东辉.中小学生科学探究能力评价的国际比较[J].中国教师,2012(10上):70 - 73.

[48] 韦钰,罗威尔.探究式科学教育教学指导[M].北京:教育科学出版社,2005.

[49] 吴晗清,高香迪."教·学·评"一体化理念偏差与实践困境及其超越[J].教育科学研究,2020(2):54 - 58+66.

[50] 邢红军,张抗抗,胡扬洋,等.物理概念与规律的教学要求:反思与重构[J].课程教材教法,2018(2):91 - 96.

[51] 杨娟,廖伯琴.国际上普通高中科学课程结构的比较研究[J].课程教材教法,2013(11):122 - 127.

[52] 殷志杰,蔡矛.小学科学教育教材 60 年之路[N].中华读书报,2010 - 10 - 20(3).

[53] 袁丹.指向核心素养的跨学科主题学习:意蕴辨读与行动路向[J].课程教材教法,2020(10):70 - 77.

[54] 张传燧.基础教育课程改革十年:政策引领、重大创新与未来展望——基于《义务教育课程方案(2022 年版)》的解读[J].课程教材教法,2024(1):13 - 22.

[55] 张涛,刘恩山.生物学探究活动中作出假设的过程和方法例谈[J].生物学通报,2008(7):38 - 41.

[56] 张闫,马志颖.日本新一轮基础教育课程　改革及其启示[J].教学与管理,2019(5):56 - 58.

[57] 张颖之.科学教育中的探究教学史:百年回顾与展望[J],当代教育与文化,2019(7):45 - 50.

[58] 张颖之,刘恩山.核心概念在理科教学中的地位和作用——从记忆事实向理解概念的转变[J].教育学报,2010(2):57 - 61.

[59] 张颖之,刘恩山.基础教育课程中遗传学核心概念内容和呈现方式的研究[J].课程教材教法,2010(10):81 - 84.

[60] 张颖之,刘恩山.科学教育中科学内容知识的结构[J].课程教材教法,2013(10):47 - 51.

[61] 赵莹.日本最新高中《学习指导要领》的特点、突破与问题[J].课程教材教法,2020(8):130 - 136.

[62] 钟媚.英国科学探究能力测评及其启示[J].外国中小学教育,2010(11):38 - 42.

［63］周文叶,陈铭洲.指向深度学习的表现性评价——访斯坦福大学评价、学习与公平中心主任 Ray Pecheone 教授［J］.全球教育展望,2017(7):3-9.

［64］周文叶.中小学表现性评价的理论与技术［M］.上海:华东师范大学出版社,2014.